PRESUPUESTO MINIMALISTA

Logre La Libertad Financiera Estrategias De Gestión De Dinero Inteligentes Para Presupuestar Con Eficacia. Aprenda Maneras De Ahorrar E Invertir

Copyright 2019 - Todos los derechos reservados.

El siguiente libro se reproduce a continuación con el objetivo de proporcionar información lo más precisa y fiable posible. Independientemente de ello, la compra de este libro puede considerarse como un consentimiento al hecho de que tanto el editor como el autor de este libro no son de ninguna manera expertos en los temas tratados en él y que cualquier recomendación o sugerencia que se haga en el presente documento es sólo para fines de entretenimiento. Los profesionales deben ser consultados cuando sea necesario antes de emprender cualquiera de las acciones aquí aprobadas.

Esta declaración es considerada justa y válida tanto por la Asociación Americana de Abogados como por el Comité de la Asociación de Editores y es legalmente vinculante en todos los Estados Unidos.

Además, la transmisión, duplicación o reproducción de cualquiera de los siguientes trabajos, incluyendo información específica, se considerará un acto ilegal, independientemente de si se realiza por vía electrónica o impresa. Esto se extiende a la creación de una copia secundaria o terciaria de la obra o de una copia grabada y sólo se permite con el consentimiento expreso por escrito del Editor. Todos los derechos adicionales reservados.

La información de las páginas siguientes se considera en general como un relato veraz y preciso de los hechos y, como tal, cualquier falta de atención, uso o uso indebido de la información en cuestión por parte del lector hará que las acciones resultantes queden exclusivamente bajo su responsabilidad. No hay escenarios en los que el editor o el autor original de este trabajo pueda ser considerado de alguna manera responsable por cualquier dificultad o daño que les pueda ocurrir después de haber realizado la información aquí descrita.

Además, la información de las páginas siguientes está destinada únicamente a fines informativos y, por lo tanto, debe considerarse como universal. Como corresponde a su naturaleza, se presenta sin garantía de su validez prolongada o de su calidad provisional. Las marcas registradas que se mencionan se hacen sin consentimiento por escrito y de ninguna manera pueden ser consideradas como un endoso del titular de la marca registrada.

Tabla de Contenidos

Introducción 8

Capítulo 1 - La mentalidad minimalista del presupuesto 11

Cómo cambiar drásticamente su forma de pensar de una mentalidad negativa a una mentalidad positiva cuando se trata de dinero 13

1. Perdónese por los errores financieros que ha cometido 14
2. Conozca su forma de pensar sobre el dinero 14
3. No se compare con los demás 15
4. Cree buenos hábitos y manténgalos 16
5. Conviértase en una esponja con mentalidad de dinero 16
6. Identificar sus afirmaciones para el empoderamiento diario 17
7. Eliminar el lenguaje negativo 18
8. Consiga los mentores adecuados 18
9. Practicar la gratitud 19
10. Aprender e implementar nuevos conocimientos 19

Libérese de una mentalidad consumista 19

1. Admita que es posible 20
2. Adoptar la mentalidad de un viajero 21
3. Acepte los beneficios de ser dueño de menos 21
4. Esté atento a las tácticas consumistas 21
5. Comparar hacia abajo en lugar de hacia arriba 21
6. Considere el costo total de lo que compra 22
7. Apague el televisor 22
8. Haga de la gratitud una parte de su vida 22
9. Practique la generosidad 23
10. Renueve su compromiso diariamente 23

Acción de Inicio Rápido Pasos para liberarse del Gasto Compulsivo de una vez por todas 23

1. Llegar a la raíz del problema 24

2. Pague en efectivo 24
3. Califique sus compras 25
4. Espere por lo menos 20 minutos antes de comprar algo 25
5. Encontrar conexiones sociales 26
6. Preste atención a sus patrones de gasto 26
7. Gastar dinero con un propósito 27
8. Compre con un objetivo 27
9. No gaste dinero en comer fuera de casa 28
10. Resistirse a la venta 28
11. Desafíese a sí mismo para alcanzar nuevas metas 29

Capítulo 2 - Comience a ahorrar dinero 30
  Averigüe dónde diablos va todo su dinero cada mes. 30
  Pasos para hacer un seguimiento de sus gastos 31
  4 maneras de hacer un seguimiento de sus gastos 32
  8 maneras sencillas de empezar a ahorrar dinero al instante 35
    1. Obtenga alternativas más baratas 35
    2. Elimine las cosas que no necesita 37
    3. Elimine las prácticas que aumentan los gastos 37
    4. Gastar creativamente 39
    5. Venda lo que no necesita 40
    6. Aproveche las ofertas y promociones 40
    7. Haga una lista de compras y manténgase en su presupuesto 41
    8. Siempre solicite que se le exima del pago de cuotas 42
  Cómo desarrollar autodisciplina para evitar gastar más de la cuenta 42
    1. Conozca los factores desencadenantes de sus gastos 42
    2. Enumere sus prioridades 45
    3. Aprenda a presupuestar dinero 45

4. Controle sus gastos 46
5. Evalúese a sí mismo honestamente 47
6. Gastar sabiamente 47
7. Pagar los gastos 48
8. Recompénsese a sí mismo 48
9. Defina sus motivaciones 48
10. Deshágase de las tarjetas de crédito 49
11. Establezca metas financieras a corto plazo 49

Capítulo 3 - Estrategias presupuestarias y planes financieros 51

4 poderosas estrategias de presupuesto para alinear sus gastos con sus metas de ahorro de dinero 53
1. Regla de presupuesto 50/30/20 53
2. Presupuesto de suma cero 54
3. Anti-presupuesto 54
4. Presupuesto de flujo de dinero 55

Asegurarse de que la ejecución de la estrategia presupuestaria sea satisfactoria 56
1. Utilice su presupuesto... 56
2. Actualice su presupuesto regularmente 56
3. Usar los hábitos existentes para crear otros nuevos 57

15 pasos sencillos para crear un plan financiero que le permita ahorrar más y ganar más dinero 57
1. Identifique sus objetivos 58
2. Elaboración de un presupuesto 59
3. Recorte de gastos 59
4. Eliminar las deudas 59
5. Construir un fondo de emergencia 60
6. Determine su patrimonio neto 60
7. Compruebe su flujo de caja 61
8. Haga coincidir sus objetivos con sus gastos........... 61
9. Revise la cobertura de su seguro 61
10. Reducir los impuestos... 62

11. Crear una política de inversión 62
12. Crear un testamento y mantenerlo actualizado 62
13. Ahorrar para la jubilación 63
14. Ahorrar para otros objetivos 64
15. Invertir y diversificar 64

Capítulo 4 - Salir de la deuda 66
Averigüe qué causa las deudas 67
1. Falta de uso prudente del dinero 68
2. Incertidumbre de vida 69
4. Robo de identidad 70
5. Falta de conocimientos financieros 70
6. Familias en expansión 71
7. Impuestos y cargos por altos intereses 71
8. Inversiones pobres 71
9. Enterrar la cabeza en la arena 72
10. Compararse con los demás 72

11 técnicas prácticas para ayudarle a salir de deudas - sin importar la cantidad 73
1. Pague más de lo mínimo 74
2. Usar el exceso de efectivo para pagar la deuda 74
3. Pruebe el método bola de nieve de la deuda 75
4. Conseguir un trabajo a tiempo parcial 75
5. Haga los pagos de la deuda tan a menudo como pueda 76
6. Crea y viva con un presupuesto básico 77
7. Pruebe el método de escalera 77
8. Venda las cosas que no necesita 78
9. Evitar el gasto impulsivo 78
10. Pida tasas de interés más bajas para las tarjetas de crédito y negocie otras facturas. 79
11. Considerar las transferencias de saldos 80

Capítulo 5 - Hacer más con menos 81
Aprenda cómo maximizar el uso de sus ingresos 81

1. Pagar la deuda 82
2. Comprar un seguro 82
3. Invierta en un plan de jubilación 82
4. Hacer mejoras en el hogar 83
5. Invertir en educación 83
6. Asistir a una conferencia................................... 83

¿Puede vivir con la mitad de sus ingresos y ahorrar el resto? Probablemente 84
1. Haga que dos semanas paguen su nuevo presupuesto 84
2. Eliminar o reducir los costos de vivienda............ 85
3. Aprender a cocinar.. 86
4. Aleje su vida social de las compras 86
5. Ganar más dinero.. 87
6. Transfiera automáticamente la mitad de sus ingresos.. 87
7. Empujar sus límites mentales 88

Obtenga la información que necesita para comenzar a invertir.. 88
1. Decida el tipo de activos que desea poseer 88
2. Decida cómo desea ser propietario de estos activos 90
3. Decida dónde desea mantener los activos 90

La información que necesita para empezar a construir sus activos personales...91
Invertir dinero para acumular activos 92
¿Por qué construir activos? 92
¿Cómo puede una persona común construir bienes? 93

Conclusión... 97

Introducción

El Mindset de Presupuesto Minimalista es una guía para ayudarle a ahorrar dinero, gastar menos y vivir más eficientemente con un estilo de vida minimalista.

La mayoría de las personas realizan presupuestos con pocas ganas y lo ven como algo imposible de lograr. Este libro le dará un enfoque diferente al presupuesto. Resulta desafortunado que la idea de vivir dentro de sus posibilidades se experimente como un déficit. Después de todo, aporta abundantes beneficios. Este libro le mostrará que cuando vive con un estilo de vida y un presupuesto minimalista, puede liberarse de las limitaciones del mundo moderno. Usted puede decir adiós a los problemas financieros y a los sentimientos de negación.

Un presupuesto minimalista es un enfoque de la autorrealización y la abundancia que puede parecer contrario a la intuición de la mayoría. Este libro ofrecerá una visión más amplia de lo que significa presupuestar. Usted se dará cuenta de que hay algo más que la administración del dinero. También aprenderá que cuando un presupuesto de vida considera su capital de comportamiento, emociones, sociabilidad y espiritualidad, usted tomará mejores decisiones.

Hablaremos sobre los gastos y los hábitos de compra, identificaremos las áreas problemáticas, exploraremos las deudas y cómo puede lograr sus metas financieras. Examinará las formas en que puede poner en práctica estos principios y asegurarse de que se mantenga motivado y concentrado. Este libro enfatiza el concepto de minimalismo en lugar de ahorro.

Si usted puede crear un presupuesto con una mejor comprensión de su relación con el dinero, y cómo afecta su estilo de vida, los cambios que usted aplicará serán duraderos y auténticos.

El minimalismo no se trata de sobrevivir con menos de lo que se necesita. Se trata de identificar lo que se necesita y satisfacer completamente la necesidad sin acumular excesos. Tener exactamente lo que necesitas no es sufrir. Por lo tanto, el presupuesto se trata de saber lo que necesita para tener lo suficiente, y la mejor manera de utilizar su dinero para lograrlo.

Vivimos una vida corta, y los bienes materiales y el dinero pueden proporcionarnos nuevas formas de disfrutar nuestra vida. Ellos pueden ayudarnos a acercarnos a lo que consideramos que vale la pena y que tiene sentido. Pero eso no significa que valgan la pena y tengan sentido en sí mismos. Cómo gastamos nuestro dinero es una expresión de lo que pensamos que es crucial y de nuestros valores, pero de ninguna manera dicta el valor o la calidad de nuestra vida.

¿Cuánto estaría dispuesto a pagar por la tranquilidad y la paz mental que se logra viviendo bien? ¿Cuánto de su vida pierde cuando trabaja? Cuando se trata de gastos, ¿recuerda considerar el tiempo que desperdició estresándose por el dinero? Estas preguntas pueden parecer demasiado filosóficas y vagas, pero nos ayudan a llegar a la raíz de cómo hacemos dinero, cómo lo gastamos y cómo formamos una mentalidad a su alrededor. Una vez que hayamos entendido estas raíces, nuestros esfuerzos por ahorrar dinero serán mucho más fáciles. Desarrollaremos una relación más significativa con el dinero, y esto puede significar la diferencia entre estar ajustado y ahorrar en grande.

¿Qué aprenderás después de leer este libro? Obtendrá una

comprensión más profunda de lo que constituye un presupuesto a largo plazo. Usted identificará consejos cruciales y prácticos para ahorrar en asuntos de deudas, hijos, limpieza, hogar, salud, ropa y alimentos. También aprenderá a establecer metas realistas que se ajusten a su presupuesto personal. Aprenderás a poner en práctica todo lo que ha aprendido, a crear su propio presupuesto personal y mucho más.

Capítulo 1 - La mentalidad minimalista del presupuesto

En los últimos años, la tendencia minimalista se ha vuelto cada vez más popular en los Estados Unidos, particularmente entre la generación millennial. Ha inspirado a mucha gente a reducir sus posesiones y vivir sólo con lo que necesitan. Además de ayudarle a despejarse y ahorrar tiempo, la adopción de una mentalidad de presupuesto minimalista también puede ayudarle a liberar su vida financieramente.

Para tener un presupuesto minimalista, es crucial entrar en una mentalidad minimalista. Es la mentalidad de alguien que elige vivir una vida mínima y se asegura de que se convierta en la raíz de todo su comportamiento.

La mayoría de las personas que eligen simplificar su vida, lo hacen porque empiezan a pensar de manera diferente acerca de cómo pueden vivir una vida mejor. O quizás empiezan a notar la naturaleza destructiva de su consumismo irreflexivo, lo que lleva a un esfuerzo decidido por hacer un cambio.

Usted necesita cultivar la mentalidad correcta para asegurarse de que su dinero ganado con esfuerzo se gasta bien. Sin la mentalidad correcta, la transición al minimalismo será una tarea mucho más difícil. Intentará resistir las tentaciones. Usted tratará de reducir la cantidad de desorden físico y mental en su vida. Intentará buscar soluciones. Pero a medida que lo intente, los impulsos internos continuarán creciendo. Sin la mentalidad correcta, usted se encontrará en una recaída. Cualquier intento de minimalismo sólo lo hará volver corriendo para satisfacer sus deseos habituales. Esta es la razón por la que la preparación mental y emocional es vital.

Puede que desconfíe de la idea de los deseos insatisfechos. Esto no significa que deba renunciar al minimalismo. De hecho, la mentalidad de presupuesto minimalista no se trata de luchar contra sus deseos, se trata de aprender a dejar de desear.

Cuando haya cultivado la mentalidad correcta, se dará cuenta de que es fácil vivir una vida sencilla. Sus motivos los impulsarán y sus acciones caerán en su lugar.

La mentalidad de presupuesto se ve mejor como una reducción del desorden basado en sus prioridades. Esto no significa que deba deshacerse o dejar de comprar cosas que lo hagan feliz inmediatamente. La minimización debe hacerse a un ritmo razonable. Con el tiempo, usted comenzará a buscar solamente aquellas cosas que son cruciales.

La mayoría de la gente busca reducir las posesiones y objetos materiales, pero cuando la mentalidad minimalista está involucrada, se aplica también a las relaciones y actividades. Después de todo, muchas áreas de nuestra vida pueden estar llenas de excesos.

La mayoría de la gente no entiende por qué alguien querría vivir una vida dentro de un presupuesto minimalista. No entienden cómo alguien puede evitar los lujos.

Creen que deben vivir como quieren, y eso es cierto. Lo que esta gente no entiende es que vivir una vida minimalista con un presupuesto minimalista le permite hacer lo que quiera. Las cosas que quiere son simplemente diferentes. Vivir con un presupuesto minimalista trae muchos beneficios. Es sólo que la mayoría de la gente no es consciente de ello.

La mentalidad del dinero abarca los pensamientos y

sentimientos que subconscientemente desarrolla hacia el dinero por experiencias de vida. Ya que nuestros pensamientos controlan nuestras acciones, el desarrollo de una mentalidad negativa cuando se trata de dinero puede crear una barrera enorme entre usted y la salud financiera. Puede resultar en estrés y ansiedad, y le impedirá alcanzar sus metas financieras.

Pero desarrollar una mentalidad de dinero negativa no significa que usted siempre se sentirá de esa manera. Siga leyendo para saber cómo puede desarrollar la mentalidad adecuada para ayudarle a alcanzar sus metas financieras.

Cómo cambiar drásticamente su forma de pensar de una mentalidad negativa a una mentalidad positiva cuando se trata de dinero

La mayoría de las personas saben lo que se supone que deben hacer cuando se trata de administrar el dinero: ahorrar fondos para una emergencia, gastar menos que el dinero que ganan e invertir para la jubilación. Pero desarrollar otros buenos hábitos es crucial. Administrar el dinero requiere disciplina y la disciplina no viene automáticamente; usted debe aprender y enseñarse a sí mismo a cumplir con sus propias metas.

Su éxito en la administración del dinero depende de cómo piensa acerca del dinero. Si desea eliminar el estrés financiero de su vida o mejorar en la administración del dinero, es vital que cambie su forma de pensar sobre el dinero y desarrolle una mentalidad positiva sobre el dinero. Se aplica a todos los aspectos de la vida. Usted necesita hacer un cambio positivo en todo lo que hace para tener éxito. Esto le ayudará a cambiar lo que habla y cómo lo hace.

Hablar y pensar de manera positiva hará una gran diferencia, pero también requiere acción. Es esencial que cambie la forma en que ha estado haciendo las cosas y que tome medidas en una nueva dirección para lograr un cambio real y duradero.

Durante los momentos de dificultad, como después de la muerte o pérdida de una pareja, puede parecer un desafío desarrollar una mentalidad positiva sobre cualquier cosa. Y no sólo por el dinero. Usted podría experimentar aún más dificultades financieras después de esta pérdida. O tal vez no le falte dinero, pero no tiene conocimiento sobre cómo manejar sus finanzas, y esto lo pone nervioso sobre el futuro.

El estrés debido a las finanzas puede provenir de cualquier parte, y puede empeorar cuando el dolor o el trauma están involucrados.

Afortunadamente, hay muchos pasos que usted puede tomar para cambiar dramáticamente su forma de pensar de negativa a una positiva, y desarrollar buenos hábitos. Estos son los pasos que puede seguir:

1.   Perdónese por los errores financieros que ha cometido

No encontrará a nadie que nunca haya dejado de pagar una factura o una tarjeta de crédito. Todo el mundo ha gastado parte de sus ahorros de improviso. Prácticamente todos los adultos han cometido los mismos errores, y por eso debe perdonarse a sí mismo.

Cuando se perdone por los errores del pasado, se liberará. Hará espacio para una actitud saludable y mejores prácticas para ahorrar dinero. Deje de enfocarse en la culpa y comience a enfocarse en el progreso.

2.   Conozca su forma de pensar sobre el dinero

Usted puede pensar que entiende su actitud hacia el dinero, pero lo más probable es que no esté completamente consciente de cómo su modo de pensar afecta su toma de decisiones. Se recomienda que usted rastree los pensamientos que cruzan por su mente cada vez que tome una decisión con respecto al dinero.

Ya que tomamos muchas de estas decisiones en nuestras vidas, usted debe hacer esto por lo menos por un día entero y examinar los resultados. Busque patrones que le den una pista sobre su actitud.

Una vez que usted llegue a una mejor comprensión de su modo de pensar, será fácil identificar los hábitos y creencias que le impiden cumplir con los planes y metas.

3. No se compare con los demás

En la era de los reality shows, las revistas de celebridades y los medios sociales, es fácil hacer comparaciones. Nos comparamos con celebridades, amigos, familiares e incluso personajes de ficción de la televisión. Necesita dejar este mal hábito por algunas razones:

- Está comparando lo que sabes de sí mismo con lo que ve de otra persona. Con lo que se está comparando es con la mejor versión de la vida de alguien. Lo que se ve en los medios de comunicación es cuidadosamente curado para el público y de ninguna manera refleja la realidad.

- No conoce los detalles de las finanzas de los demás. Algunos pueden vivir una vida lujosa, pero es probable que muchas de estas personas también estén pagando las deudas de sus tarjetas de crédito.

- Después de compararse con los demás, se sentirá lleno de sentimientos de ineptitud. Esto desviará la atención de sus aspiraciones y finanzas, retrasando el progreso.

Por lo tanto, usted debe crear metas alcanzables, y medir su éxito de esta manera. Celebre las victorias y mantenga sus metas actualizadas cuando las logre.

4. Cree buenos hábitos y manténgalos

Una vez que haya establecido metas realistas, es bueno desarrollar los hábitos que le ayudarán a alcanzarlas. Si usted nunca ha mirado sus gastos en detalle o ha creado un presupuesto, entonces tal vez sea el momento de hacerlo. Cuando usted entienda cómo está gastando dinero, le será más fácil saber dónde puede ahorrar.

Esto le ayudará a crear metas alcanzables que, paso a paso, lo llevarán al éxito. Un hábito efectivo es seguir un tiempo establecido para revisar sus finanzas y verificar el progreso. Si está en una relación, escoja un momento que funcione para ambos y asegúrese de que ambos estén presentes.

Incluso si se designa a un socio para que sea el administrador del dinero, asegúrese de que ambas partes estén en la misma página y de que estén de acuerdo con los objetivos establecidos para evitar problemas de comunicación. Cuando tenga una idea clara de su situación financiera, podrá discutir cómo delegar dinero.

5. Conviértase en una esponja con mentalidad de dinero

Una de las maneras más fáciles de construir una mentalidad de buen dinero es rodearse de gente que vive de acuerdo con los valores que más admira. Cuando usted pasa tiempo con personas que tienen una buena mentalidad sobre el dinero, aprenderá activamente de ellos y se adaptará naturalmente a sus cualidades con el tiempo.

También puede buscar contenido gratuito en línea, ya que hay muchos expertos que hablan sobre estos temas a través de transmisiones en vivo, podcasts y videos de YouTube.

Considere la posibilidad de invertir una hora en contenido de mentalidad del dinero todos los días.

Tomar este simple paso cambiará drásticamente su perspectiva y comenzará a eliminar aquellas creencias limitantes que le impiden alcanzar sus metas. Cambiar a las personas que le rodean cambiará su vida.

6. Identificar sus afirmaciones para el empoderamiento diario

Encuentre cinco frases que puede repetir diariamente para centrarse en sí mismo, mantenerlo alineado con sus metas financieras e inspirarlo a dar saltos hacia el éxito.

Por ejemplo, si lucha con la idea de que la gente con dinero es codiciosa, entonces es probable que esté involucrado en el autosabotaje subconsciente al mantener un trabajo mal pagado. La afirmación ideal para usted debe ser un recordatorio de que tener dinero y ser una buena persona son dos cosas diferentes. Siga diciéndose a sí mismo que devolverá más al mundo cuando tengas más dinero.

Si usted creció sintiendo que el dinero es escaso y que sólo algunas personas tienen derecho a él, entonces necesita recordarse a sí mismo que hay dinero ilimitado y que viene hacia usted porque se lo merece.

Anote afirmaciones poderosas y manténgalas en lugares como el tablero de su auto, su billetera, en el espejo de su baño o en la pantalla de bloqueo de su Smartphone. Sigue leyéndolos en voz alta. Puede parecer ridículo al principio, pero después de un tiempo, empezará a creerlas. La repetición conducirá a resultados, y todo en lo que se concentre comenzará a manifestarse en la realidad.

7. Eliminar el lenguaje negativo

Tal vez se haya dado cuenta de que la mayoría de la gente pasa mucho tiempo quejándose. A veces puede ser la manera más fácil de establecer un vínculo con alguien, romper un silencio incómodo u obtener alguna gratificación barata.

La mayoría de las conversaciones negativas giran en torno a cuatro temas: una mala relación, quejas laborales, una mala situación financiera o mala salud.

Si usted participa en estas conversaciones con frecuencia, necesita detenerse y concentrarse en sus sueños. No puede tener excusas y resultados al mismo tiempo. Cuando permite que las ideas negativas fluyan de su boca sin restricciones, puede caer en un sentido de autocompasión y auto victimización. Estos sentimientos le impedirán tomar acciones poderosas y le impedirán alcanzar sus metas.

Elimine el lenguaje negativo de su conversación personal y vea todo como una oportunidad de crecimiento. El lenguaje positivo puede parecer cursi al principio, pero lo llevará a creencias positivas que atraerán resultados positivos.

8. Consiga los mentores adecuados

Piense de quién recibe consejos. ¿Es su compañero? ¿Sus padres? ¿Sus compañeros de trabajo?

Desafíese a sí mismo a buscar el consejo de aquellos que ya han logrado las metas que usted está tratando de alcanzar. Tendrá que aclarar lo que quiere. ¿Quiere que su negocio gane más dinero? ¿Quiere un nuevo trabajo? ¿Quiere pagar toda su deuda?

Una vez que haya ganado claridad, busque mentores que hayan logrado lo que usted está tratando de hacer, y pase más tiempo con ellos.

9. **Practicar la gratitud**

La gratitud diaria ha demostrado ser poderosa. Puedes empezar escribiendo tres cosas por las que estás agradecido cada día. Revise su diario de gratitud cada vez que se sienta abrumado o negativo acerca de sus finanzas. Esto le dará un impulso positivo.

10. **Aprender e implementar nuevos conocimientos**

Ser educado en asuntos financieros le ayudará a sentirse seguro y en control del futuro. Considere la posibilidad de encontrar la educación adecuada para usted. Diferentes enfoques funcionan mejor para diferentes personas. Explore y descubra la educación financiera que más le convenga.

Encontrará libros, expertos y plataformas educativas que ofrecen una amplia gama de enfoques diferentes. La educación es crucial para mantener una mentalidad positiva sobre el dinero.

Libérese de una mentalidad consumista

La mayor parte de la población mundial tiene una mentalidad consumista. No sólo se refiere a la omnipresencia de la publicidad, sino a todo lo relacionado con la idea de que debemos tener más cosas para ser mejores, más exitosos o personas más felices. Esta mentalidad está impregnada en la cultura actual.

Debemos enfatizar que esta creencia consumista no se basa en ninguna verdad. Poseer menos trae más beneficios que poseer más. La libertad de una mentalidad consumista trae consigo:

- **Más libertad de comparación** - Usted se liberará de las constantes comparaciones con la vida de otras personas. Su mente ya no estará llena de envidia, mirando lo que otras personas tienen versus lo que usted no tiene.

- **Más tiempo y oportunidades para buscar otras cosas** - La mayoría de las cosas materiales se desvanecen, se estropean y perecen. Pero la alegría, el amor, el propósito y la compasión son eternos. Nuestras vidas son mejor vividas persiguiéndolas. Estar menos preocupado por las posesiones ofrece esta oportunidad.

- **Menos deuda** - El dinero que se habría destinado a comprar cosas nuevas sin sentido ahora puede ser invertido en áreas más importantes de su vida. Poseer menos le permite finalmente comenzar a ahorrar dinero y pagar sus deudas.

- **Menos estrés** - Muchas personas no se dan cuenta de esto, pero puede ser estresante ser dueño de cosas que ya no usa o que no le importan. Esto puede ser estrés inducido por la culpa o estrés por mantener el objeto. A veces estas posesiones inútiles pueden incluso interponerse en el camino. El hecho de poseer menos reduce estas tensiones.

- **Gratitud y satisfacción-** La manera más fácil de sentirse satisfecho es apreciar lo que tiene. Es natural que cuando se tiene menos, se aprecia aún más lo que se tiene. Es más probable que usted cuide y mantenga sus pertenencias cuando no tiene tanto de qué preocuparse.

Romper con el consumismo compulsivo es un paso importante hacia una vida simplificada. Entonces, ¿cómo logramos esta libertad? ¿Cuáles son los pasos necesarios para liberarse? Aquí hay una guía útil para lograr la libertad de una mentalidad consumista.

1. Admita que es posible

Mucha gente a lo largo de la historia adoptó un estilo de vida minimalista que rechazó y superó al consumismo. Encuentre la motivación en la forma en que estas cifras impresionantes lo hicieron. Esto le ayudará a darse cuenta de que usted también puede encontrar el mismo éxito. El viaje hacia la victoria comienza cuando admite que es posible.

2. Adoptar la mentalidad de un viajero

Al viajar, la gente sólo toma lo que necesita para ese viaje. Esto asegura que nos sintamos más libres, más ligeros y flexibles.

La adopción de la mentalidad de un viajero tiene los mismos beneficios para la vida que para los viajes. Se sentirás menos agobiado y, sin embargo, tendrá todo lo que necesita. La mentalidad de un viajero también le impedirá gastar dinero en cosas que no son necesarias.

3. Acepte los beneficios de ser dueño de menos

La gente no suele pensar en los beneficios de poseer menos, pero hay muchos. Cuando se articulan estos beneficios prácticos, se vuelve fácil de entender, reconocer y desear. Tan pronto como se haga el cambio de estilo de vida, usted puede esperar sentirse inundado con los beneficios del minimalismo, incluyendo un mayor sentido de ligereza y libertad.

4. Esté atento a las tácticas consumistas

El mundo le hará creer que la mejor manera de contribuir a la sociedad es gastando su dinero. Todos los días nos invaden los anuncios que tratan de convencernos de que compremos cada vez más. Reconocer las tácticas consumistas en nuestro mundo no hará que desaparezcan, pero pueden ayudarle a entender cuando un deseo ha sido simplemente fabricado por un anuncio bien diseñado.

5. Comparar hacia abajo en lugar de hacia arriba

Cuando empezamos a comparar nuestras vidas con las de las personas que nos rodean, perdemos la satisfacción, la alegría y la felicidad. Empezamos a centrar toda nuestra atención en eliminar esta diferencia. Eso es porque tendemos a comparar hacia arriba, sólo mirando a la gente que tiene más que nosotros. Debemos romper la trampa del consumismo prestando atención a aquellos que necesitan más. Esto nos ayudará a permanecer alegres y agradecidos por lo que tenemos actualmente.

6. Considere el costo total de lo que compra

Cuando compramos artículos, tendemos a mirar solamente el precio de la etiqueta. Pero el número en la etiqueta no es el costo total. Lo que compramos siempre nos cuesta más energía, tiempo y concentración. Esto también incluye arreglar, mantener, organizar, limpiar, remover y reemplazar. Acostúmbrese a considerar estos gastos antes de hacer una compra. Usted se encontrará tomando decisiones más sabias y con más confianza cuando se trata de dinero.

7. Apague el televisor

Las corporaciones gastan una gran cantidad de dinero en publicidad porque saben que pueden hacer que los consumidores compren sus productos o servicios de esta manera. La televisión es una industria construida sobre la base de la suposición de que se le puede persuadir para que gaste dinero en casi cualquier cosa. Nadie es inmune. Cuando usted reduce la cantidad de tiempo que pasa viendo la televisión, es menos probable que lo convenzan de comprar artículos que no necesita.

8. Haga de la gratitud una parte de su vida

La gratitud nos ayuda a responder positivamente a las circunstancias de nuestra vida y a cambiar nuestra actitud durante los momentos de estrés. Hágala parte de su vida durante las dificultades, así como en los períodos de abundancia. Empiece a concentrarse en las bendiciones y no sólo en los problemas.

9. **Practique la generosidad**

Dar nos ayuda a reconocer cuánto hemos sido bendecidos y qué más tenemos para ofrecer. Nos permite encontrar la realización y el propósito de ayudar a los demás. Cuando actuamos generosamente, asumimos una mentalidad de abundancia, y esto puede ayudarnos a abrazar el minimalismo.

Vale la pena señalar que la generosidad nos lleva a la satisfacción, y no al revés. No debemos esperar a estar contentos antes de actuar generosamente.

10. **Renueve su compromiso diariamente**

Dondequiera que vayamos, estamos inundados de publicidad. A veces, se puede sentir abrumador. Debemos seguir rechazando estas ideologías consumistas y mantenernos fuertes frente a los excesos destructivos. Para una libertad total, debemos cultivar la autoconciencia y volver a comprometernos con nuestros objetivos todos los días.

Acción de Inicio Rápido Pasos para liberarse del Gasto Compulsivo de una vez por todas

En un momento u otro, todos hemos estado atrapados en el gasto excesivo y su ciclo destructivo. A pesar de nuestras mejores intenciones, a veces puede ser difícil detener las compras por impulso. Y tan pronto como empezamos a gastar impulsivamente, puede ser difícil mantener nuestras finanzas en el buen camino.

Aunque no es reconocido formalmente por la investigación médica, el gasto compulsivo es un problema serio, y ha ido en aumento en los últimos años. Sus gastos se vuelven compulsivos cuando están fuera de control, son excesivos y resultan en problemas legales, sociales o financieros.

Algunas personas ven el gasto como un refuerzo de la

confianza, ya que piensan que comprar cosas nuevas las hace parecer más glamorosas y prósperas de lo que son. Y por supuesto, el público está inundado de vallas publicitarias, anuncios impresos, comerciales y otros anuncios para atraer a cualquier persona con un hábito de gasto compulsivo.

Para evitar compras innecesarias, usted debe saber lo que está comprando y concentrarse exactamente en lo que se ha propuesto hacer. Esta es una forma segura de protegerse contra los gastos excesivos.

Si sus finanzas se le están yendo de las manos, usted puede recuperar algo de control con este plan paso a paso.

1. Llegar a la raíz del problema

Los gastadores compulsivos acumulan muchas cosas, pero esa no es la raíz del problema. Usted debe considerar lo que realmente está comprando. Sobre todo, el gasto compulsivo es una respuesta a un problema emocional.

Una persona puede estar lidiando con ansiedad, depresión, enojo o pena. Estas emociones pueden desencadenar el gasto, lo que puede resultar en vergüenza, miedo, culpa, sentimientos de insuficiencia, duda y muchos otros.

Usted debe identificar sus factores desencadenantes e intentar controlarlos. Se recomienda buscar terapia profesional o grupos de apoyo para ayudarle a manejar su problema de gastos.

También deberá considerar hablar con un amigo, a veces pueden ser buenos terapeutas.

2. Pague en efectivo

Las personas tienden a gastar más cuando pagan con tarjetas de débito y de crédito. No es de extrañar por qué. Cargar facturas a un pedazo de plástico puede hacer que se sienta desconectado del dinero. Es más fácil ignorar lo que el costo significa para su situación financiera, y esto fácilmente puede resultar en gastos excesivos.

El gasto se siente real cuando se sacan billetes de la billetera. Empiece a reservar una parte de sus ingresos expresamente para facturas y retire el resto en efectivo.

Probablemente usted no tendrá un gasto excesivo compulsivo ya que puede entender que tiene una cantidad limitada de dinero.

3. Califique sus compras

Añada a cada artículo que compre un puntaje basado en cuán necesario es para usted. Cuanto más necesario sea, mayor será la puntuación. Cuando mire hacia atrás en sus compras, verá cuánto puede ahorrar eliminando las compras innecesarias. Al eliminar los elementos de baja puntuación, se sorprenderá de cuánto puede ahorrar.

Sin puntuar los artículos que compra, puede ser difícil saber qué compras son las que más le importan. Tarde o temprano se le acabará el dinero, con un exceso de elementos de baja puntuación y posiblemente una falta de las cosas de alta puntuación que realmente necesita.

4. Espere por lo menos 20 minutos antes de comprar algo

Cuando ve algo que quiere comprar, su cuerpo se apodera de su mente y puede ser difícil pensar racionalmente. Para evitar el impulso de gastar, trate de esperar por lo menos 20 minutos antes de hacer una compra. Después de ese tiempo, usted puede darse cuenta de que realmente no quiere el artículo y resistir el impulso de gastar.

5. Encontrar conexiones sociales

Los gastadores compulsivos gastan su dinero en bienes materiales porque están tratando de llenar la necesidad de una conexión humana con las compras. La verdad es que nunca se tiene suficiente de las cosas que no se necesitan. Es por eso por lo que usted debe aprender a llenar su vida con actividades y conexiones sociales en su lugar. Estas actividades pueden incluir clubes, aprender una nueva habilidad, grupos de caridad o deportes.

Muchas personas ven las compras como el centro de su vida social, pero no tiene por qué ser así. Cuando usted llena su vida con experiencias nuevas y significativas, habrá cambios en la forma en que gasta y mejorará su satisfacción en general.

6. Preste atención a sus patrones de gasto

Usted necesita saber a dónde va su dinero. Controle cómo gasta durante un mes y busque una tendencia. Usted podría sorprenderse por la cantidad de dinero que pierde en actividades insignificantes como almorzar fuera o tomar cafés con frecuencia.

Tome nota de sus gastos necesarios y enumérelos como sus prioridades. Estos incluyen

- Refugio y servicios públicos
- Comida
- Transporte
- Ropa básica

Dicho esto, sus necesidades no son razón para derrochar. No tiene que comprar ropa nueva cada semana o salir a cenar cada noche. Revise sus gastos mensuales para que pueda encontrar maneras de recortar los gastos. ¿Necesita esa lujosa antena satelital cuando puedes transmitir sus espectáculos preferidos en el Internet? ¿Qué hay de los $40 de la membresía del gimnasio que no ha usado en cinco meses? Preguntas como esta le ayudarán a mantenerse en el camino hacia un gasto saludable.

7. Gastar dinero con un propósito

Después de preparar un presupuesto mensual, elabore un plan de gastos que lo acompañe.

Si necesita entradas para conciertos o ropa nueva, asegúrese de añadirlas a sus categorías de presupuesto después de priorizar sus necesidades.

Sólo tiene que retirar el dinero que necesita y clasificarlo en sobres etiquetados. Por ejemplo, si usted elige asignar $200 cada mes para los comestibles, reserve $100 después de recibir el primer cheque de pago y téngalo en un sobre de comestibles. Agregue la cantidad restante cuando reciba el segundo cheque de pago.

Si su línea de trabajo tiene un flujo de caja impredecible, considere la posibilidad de crear un presupuesto para ingresos irregulares.

Puede utilizar una aplicación de presupuesto gratuita para crear su presupuesto al instante. Le ayudará a planear, monitorear su deuda, hacer un seguimiento de sus gastos y monitorear su proceso de ahorro.

8. Compre con un objetivo

Todos hemos comprado cosas que no planeamos. Vas al supermercado y todo lo que necesitas es pasta de dientes y champú, pero tan pronto como entras por la puerta, terminas llenando la canasta con cosas que probablemente sólo usará una vez. Un viaje corto a la tienda puede resultar costoso cuando usted es un gastador compulsivo.

Nadie planea desviarse cuando está de compras, pero si a menudo se encuentra gastando cantidades innecesarias de dinero, considere la posibilidad de planear su viaje de antemano. Siempre y cuando se atenga a su plan, no tendrá que preocuparse por los gastos excesivos.

9. No gaste dinero en comer fuera de casa

Cambiar sus hábitos de gasto en alimentos es una manera eficiente de reducir los gastos. Muchos no se dan cuenta, pero cenar fuera puede resultar caro muy rápido. Si usted gasta $20 en almuerzo cuatro veces por semana, le costará $80 por semana y $320 por mes.

En lugar de salir a comer fuera todos los días, haga un plan de comidas para una semana y compre los comestibles necesarios en la tienda. Asegúrese de traer una lista para que sólo compre lo que piensa usar para sus comidas caseras.

La hora del almuerzo ofrece una oportunidad perfecta para reducir gastos. Considere llevar el almuerzo al trabajo todos los días. Hágalo simple. Prepare las comidas los domingos o tómese unos veinte minutos cada noche para preparar un sándwich.

Esto no significa que no deba darse el gusto, sólo significa que tiene que atenerse a su presupuesto. Después de todo, usted todavía puede hacer deliciosas y rentables comidas caseras.

10. Resistirse a la venta

Todos amamos una buena oferta. Los minoristas lo entienden bien y saben que las ofertas llamativas son irresistibles para sus clientes.

Si alguna vez has comprado algo que no querías comprar sólo porque tiene un 30% de descuento, significa que pagaste un 70% más de lo que querías. Eso no es ahorrar dinero en absoluto; usted todavía está gastando. Usted tendrá que practicar la autodisciplina cuando vea una oferta en la tienda. Recuérdese que guardar todo su dinero es mucho mejor que ahorrar un 30%.

11. Desafíese a sí mismo para alcanzar nuevas metas

Fortalezca su fuerza de voluntad dándose nuevos desafíos. Por ejemplo, trate de comprar lo que necesita durante un mes. Le sorprenderá lo poco que necesita.

Esto también le dará la oportunidad de identificar lo que realmente no necesita. ¿Le gusta pagar su membresía mensual al gimnasio porque le ayuda a mantenerse activo? Entonces quédasela. ¿Le gusta ir a un quiropráctico porque le mantiene la espalda en buena forma? Sigue yendo. Si encaja en el presupuesto y es bueno para usted, entonces siga disfrutándolo.

Capítulo 2 - Comience a ahorrar dinero

¿Alguna vez se ha preguntado adónde va ese dinero? ¿Gana mucho dinero, pero sigue viviendo ajustado? ¿Mira a veces sus ahorros y siente que podría hacerlo mejor?

Si la respuesta a cualquiera de estas preguntas es "sí", entonces no estás solo. Usted se sorprendería por el número de personas de altos ingresos que no pueden ahorrar ni un centavo.

La mayoría de las personas que viven ajustados culpan de sus problemas financieros a las compras de estilo de vida, tales como el entretenimiento y la comida. La mayoría afirma que su falta de disciplina sigue impidiéndoles alcanzar sus objetivos. Su dinero se pierde en cosas que podrían evitarse con un poco de esfuerzo extra.

Si desea alcanzar sus metas financieras, debe aprender más sobre sus hábitos de gasto, crear planes infalibles para ahorrar dinero y cultivar la autodisciplina ante la tentación. ¿Cómo se consigue todo esto? Hablemos de ellos individualmente.

Averigüe dónde diablos va todo su dinero cada mes.

Es bueno tener un presupuesto, pero si no está haciendo un seguimiento de sus gastos, perderá el control de este presupuesto fácilmente, lo que anulará todo su propósito. Correrá el riesgo de fijarse metas poco realistas que nunca alcanzará.

Este es el ciclo en el que la mayoría de las personas caen. Si desea hacer un cambio, debe hacer un seguimiento de sus gastos. Así es como funciona:

Pasos para hacer un seguimiento de sus gastos

1. Crear un presupuesto

Necesita un presupuesto para hacer un seguimiento de sus gastos. Sin uno, sería imposible. Un presupuesto muestra sus ingresos esperados y todos los gastos por categoría.

Un presupuesto no lo controla, lo ajustas a su gusto. Sirve como guía para asegurar que su dinero haga lo que usted le dice que haga.

Hay tres pasos para crear un presupuesto:

- Escriba su ingreso mensual.

- Anote sus gastos mensuales.

a) Comience con renta, comida, transporte y ropa.

b) Cuando las necesidades estén cubiertas, enumere otros gastos como comer fuera, servicios de transmisión de televisión, ahorros, membresías en gimnasios, etc.

- Asegúrese de que sus ingresos menos los gastos sean cero.

2. Registre sus gastos

Lleve un registro de sus gastos todos los días. Si no consigue mantenerse al día con lo que gasta, se sentirá como si estuvieras en una tierra de fantasía donde el dinero nunca se agota. Esto sería genial - excepto que no es el mundo real. El dinero se agota, y cuando se agota, las consecuencias pueden ser muy graves.

3. Mire esos números

Asegúrese de que cuando anote sus gastos, haga un

seguimiento de cuánto queda en la categoría. De esta manera usted tendrá una mejor idea de cuando el costo de algo es demasiado alto.

Si está casado, hable con su pareja y asegúrese de que ambos registren todos los gastos que se produzcan. Asegúrese de comunicarse entre sí antes de gastar. Esta práctica es excelente para encender una gran comunicación y responsabilidad.

Los presupuestos se pierden cuando no se hace un seguimiento y no se observa cómo se gasta.

4 maneras de hacer un seguimiento de sus gastos

1. Papel y lápiz

Los métodos de la vieja escuela siguen siendo extremadamente útiles. Muchas personas prefieren llevar un registro de su presupuesto en papel. El beneficio de la escritura física es que requiere un cerebro activo. Un cerebro activo recordará más claramente lo que fue escrito, así que todos los números en el presupuesto siempre son cuidadosamente considerados.

La desventaja de este método es que la mayoría de nosotros ya no guardamos copias en papel. Cuando reciba un recibo, debe retenerlo hasta que se actualice el presupuesto.

Es probable que pierda los recibos. A veces simplemente se olvida de pedir uno. A veces ciertas compras no se anotan. Cualquiera de estos problemas puede llevar a un seguimiento problemático.

2. El sistema de sobres

Este método implica el pago en efectivo en persona. Puede crear asignaciones especiales para utilidades, hipotecas y pensiones. Puede hacer un pago con tarjeta de débito en línea o enviar cheques por otros servicios públicos. Pero los gastos que pague en persona sólo deben ser en efectivo.

A principios de mes, coloque el dinero en efectivo en sobres etiquetados con las líneas presupuestarias. Comer fuera de casa, el entretenimiento y los comestibles son los tres ejemplos perfectos. Recuerde llevar el sobre de comestibles con usted cada vez que vaya a una tienda de comestibles. Cuando el sobre está vacío, es cuando dejas de gastar. Usando este método, su dinero se estará rastreando a sí mismo.

Bueno, la verdad es que pagar en efectivo a veces puede ser un inconveniente. ¿A quién le gusta estar al día con las monedas o contar los billetes? ¿Quién quiere entrar en una gasolinera para pagar por adelantado en la caja registradora? Además, con el reciente aumento del comercio electrónico, las opciones de pago en efectivo no siempre están disponibles. Sin embargo, esta es una buena manera de hacer un seguimiento de sus gastos. Eso es porque ver que el sobre se vacía inspirará un nuevo nivel de responsabilidad.

3. **Hojas de cálculo de ordenador**

Mucha gente se ha vuelto digital y la mayoría de ellos son fanáticos de las hojas de cálculo. Les encanta hablar de los beneficios de las hojas de cálculo, y si no sabes de qué están hablando, es probable que no le importe en absoluto. La realidad es, sin embargo, que las hojas de cálculo ofrecen muchos beneficios. Esto incluye la capacidad de personalizar su presupuesto, utilizar una plétora de plantillas y, por último, pero no menos importante, toda la matemática se hace por usted.

Desafortunadamente, los entusiastas de las hojas de cálculo no siempre encuentran a otros entusiastas de las hojas de cálculo. Es probable que sólo un miembro de la pareja quiera usarlo. Las parejas deben comunicarse abiertamente sobre sus preferencias. No debería dejar que las hojas de cálculo se interpongan en un matrimonio feliz.

Otro problema con las hojas de cálculo es conseguir que el equipo se mantenga al día con los gastos. Si usted no registra estos gastos diariamente, su presupuesto no será un presupuesto en absoluto, sólo una hoja de cálculo con buenas pero vacías intenciones. Todos tenemos buenas intenciones al principio, pero estas no logran sus metas financieras por sí mismas.

Es probable que pase una cantidad decente de tiempo en el ordenador, así que quizás las hojas de cálculo funcionen para usted. ¿Pero sabes qué más estará siempre a su lado? Su teléfono. Esto nos lleva a la siguiente y mejor opción para rastrear los gastos.

4. Aplicaciones de presupuesto

Hay muchas aplicaciones de presupuesto gratuitas que crearán un presupuesto en sólo unos minutos. Puede iniciar sesión en su teléfono e ingresar sus gastos en el momento en que ocurran. No tendrá que pasar el día arriesgándose a olvidarse de sus actualizaciones de presupuesto.

Así de conveniente es una aplicación de presupuesto. Algunas de estas aplicaciones le permiten personalizar sus plantillas para alcanzar sus objetivos de ahorro y gasto. Lo mejor es que puede sincronizar su presupuesto con los dispositivos de su pareja y estar en constante comunicación comercial.

No importa el método que elija, haga del seguimiento de sus gastos un hábito si desea alcanzar sus metas financieras. Si no puede rastrear su dinero, siempre se preguntará adónde fue a parar. Pero con las herramientas correctas y la autodisciplina, usted puede lograr victorias financieras.

8 maneras sencillas de empezar a ahorrar dinero al instante

Usted trabaja duro para ganar su dinero, así que también debe trabajar duro para usted. La intencionalidad es la clave para hacer que su dinero vaya más allá. Ser intencional es la manera de empezar a ahorrar más y gastar menos cada mes.

Hay muchas maneras de ahorrar dinero. ¿Por dónde empieza? Empiece fácil. Empiece rápido. Empiece aquí. Estos son 8 consejos sencillos para ayudarle a ahorrar dinero todos los días, semanas, meses o años. Aquí están:

1. Obtenga alternativas más baratas

Si quiere ahorrar dinero, reduzca lo que gasta. Hay maneras de hacer esto para que usted todavía consiga lo que necesita, pero a un costo mucho menor. Por ejemplo, si le gusta ir de compras, considere la posibilidad de aprovechar los cupones. Usted puede ahorrar dinero usando devoluciones en efectivo o cupones de aplicaciones para ahorrar dinero. Muchos le informarán sobre los mejores precios disponibles en ciertos artículos. Puede descargar estas aplicaciones de sus tiendas favoritas y hay muchas maneras de ahorrar dinero con ellas. Puede consultar las ventas, obtener cupones y unirse a los programas de recompensas. Sólo asegúrese de resistir la tentación de comprar en línea.

También puede buscar otras alternativas consiguiendo artículos usados. En lugar de comprar un artículo nuevo, puede comprar algo usado, pero en buenas condiciones a un precio más bajo. Cuando se trata de comprar artículos usados, se requiere su discreción. Algunas cosas no se pueden comprar usadas como llantas y un cepillo de dientes. Pero si está buscando un coche, libros, videojuegos, herramientas o mascotas, entonces puede ahorrar mucho dinero comprando artículos usados con cuidado.

Si le gusta hacer ejercicio y actualmente paga por una membresía de gimnasio, considere otros medios como encontrar videos de entrenamiento en línea. Algunas personas necesitan la interacción humana que obtenemos en el gimnasio, mientras que otras prefieren perder peso sin una membresía, tarifas de clases especiales y un entrenador personal. Si desea quemar calorías sin incurrir en grandes gastos mensuales, considere los servicios de transmisión de ejercicios y los videos de YouTube. Muchos gurús del fitness se han dado cuenta de que necesitamos opciones que no sean DVD que podamos usar en casa, y están creando contenido de alta calidad que podemos disfrutar en cualquier momento desde la comodidad de nuestro hogar.

Aparte de estas opciones, también puede considerar preparar su propio café en lugar de comprarlo, y puede cocinar en casa en lugar de pagar las comidas en un restaurante. Si usted gasta alrededor de $5 por día en su mezcla de barista favorita, le costaría $35 por semana y alrededor de $150 por mes. En lugar de esto, usted puede gastar sólo $20 al mes preparando su propia cerveza y ahorrará $130. Usted puede destinar estos ahorros a cosas más importantes como las vacaciones de sus sueños, la jubilación, un fondo de amortización, o cuales sean sus metas financieras.

En lugar de pagar por una forma costosa de entretenimiento, considere opciones gratuitas. ¿Qué tal libros electrónicos, audiolibros, libros físicos, películas, actuaciones o presentaciones? ¿De dónde saca todo esto? En una biblioteca local, por supuesto. ¡Obtenga una tarjeta de la biblioteca ahora!

Ahorre dinero y diviértase.

2. Elimine las cosas que no necesita

Usted puede ahorrar una cantidad significativa de dinero eliminando bienes, suscripciones y otros servicios que realmente no necesita. ¿Realmente necesita diferentes servicios de música y transmisión de TV? ¿Cuántas revistas o cajas de suscripción aparecen en su correo cada mes? No estoy diciendo que debas evitar estos servicios, pero si no ha pensado en ellos en mucho tiempo, lo más probable es que esté suscrito a servicios que ya no usa, lee o ve. Si desea ahorrar dinero, elimine las suscripciones mensuales para las que ya no tiene uso.

También puede hacer otras eliminaciones evaluando sus opciones de TV. Si usted paga altos precios por los paquetes de cable y sólo termina viendo unos pocos canales, entonces no está solo. Mucha gente se está dando cuenta de que pueden ahorrar una gran cantidad de dinero y aun así ver los programas que quieren eligiendo otras opciones.

Considere Vimeo, YouTube, Amazon Prime Video, Netflix o Hulu. Considere la posibilidad de ver episodios recientemente emitidos en línea. O intenta usar la tarjeta de la biblioteca.

No hay que volver a la época medieval, donde el único entretenimiento era ver una justa. Sólo tiene que cambiar esa factura de cable por una opción más barata pero igual de impresionante.

3. Elimine las prácticas que aumentan los gastos

No espere a que se acumulen los gastos antes de hacer un cambio. Para empezar, considere la posibilidad de hacer elecciones de vida más eficientes desde el punto de vista energético. Algunos de ellos pueden requerir grandes inversiones iniciales, pero al final valen la pena. Para ahorrar en los gastos de la casa, apague las luces cuando salga de casa, compre bombillas de bajo consumo, tome duchas rápidas y compre un termostato programable.

Para ahorrar en los costos de transporte, utilice el transporte público, comparta el auto o considere la posibilidad de ir en bicicleta. Estas opciones ecológicas harán maravillas para sus ahorros, así como para el planeta.

También debe evitar las tarjetas de crédito para no tener deudas. Un gran primer paso para avanzar es dejar de atrasarse. Eso suena lógico, ¿no? Las tarjetas de crédito son formas fáciles de atrasarse. Después de todo, así es como se acumula la deuda en primer lugar. La deuda nos da la ilusión de la propiedad. Sin embargo, mantiene oculta la verdadera propiedad, ya que es como una nube gris y flotante de obligación.

Deje de usar tarjetas de crédito, y empezará a ser dueño de verdad. En lugar de hacer pagos de deudas, ¿qué tal hacer ahorros? No sólo es un cambio de vida que le da poder, sino que se lo agradecerás a si mismo más adelante.

Una vez que se haya deshecho de las tarjetas de crédito, considere eliminar la información de su tarjeta de débito de las tiendas en línea. La forma más rápida de gastar dinero en estos días es a través de la función "one-click". Esto es cuando los sitios web almacenan su información de pago y hacen las compras demasiado fáciles con tan solo un clic. Cuando comprar es tan fácil, es muy probable que se gaste demasiado. Tómese su tiempo para recuperar su billetera, saque su tarjeta de débito y haga el tedioso trabajo de ingresar todos los números. Al realizar este arduo proceso, considere si esta compra vale la pena. Imagínese haciendo esa transacción y cómo afectará su presupuesto. Si usted todavía piensa que es una buena idea después de pensarlo bien, entonces siga adelante como lo planeó.

También puede reducir sus gastos futuros realizando una comprobación de mantenimiento de los objetos domésticos, como electrodomésticos y automóviles. La mayoría de estas cosas pueden ser muy costosas al reemplazarlas o repararlas, y una revisión mensual de rutina puede ahorrarle dolores de cabeza financieros en el futuro. Haga que limpien, revisen y llenen de aire las llantas cuando sea necesario. Limpie las rejillas de ventilación de la casa y recuerde revisar el desgaste de los electrodomésticos.

Algunas veces un simple tornillo, arandela, reemplazo de tornillo o limpieza puede mantenerlo funcionando eficientemente.

Antes de comprar, siempre debe pensar en ello. Usted no quiere incurrir en gastos enormes por algo que no va a usar. Siempre duerma pensando en una gran decisión antes de dar el paso. Tal vez incluso, tome unos días. Tómese el tiempo para comprobar los precios, comparar sus ventajas y desventajas, y realizar la medición del deseo.

¿Qué es la medición del deseo, se preguntarás? Cree que quiere ese moderno maletín para laptop a prueba de intemperie en el momento en que lo ve. ¿Pero el deseo se reduce con el tiempo? La compra por impulso puede ser costosa. Practique la paciencia para evitar que su billetera se vacíe.

4. Gastar creativamente

Si desea ahorrar dinero y aun así obtener lo que desea, considere formas creativas de encontrar un equilibrio. Por ejemplo, una cita no tiene que ser cara para ser emocionante. Existe este mito generalizado de que gastar mucho dinero en una cita le garantiza el amor de su vida. La verdad es que el dinero no tiene nada que ver. Puede enamorarse y divertirse mientras sigue siendo ahorrativo.

Considere llenar una canasta de picnic con manzanas, palomitas de maíz, chocolate y un surtido de quesos. También puede llevar a casa comida china para llevar y comer mientras ven su programa favorito. ¿O qué tal si pasan el rato en el parque? Hay muchas maneras de disfrutar de una cita sin hacer sufrir a su cuenta bancaria.

Considere la posibilidad de realizar más actividades al aire libre para divertirse. Estas actividades pueden ofrecer un gran entretenimiento y la mayoría no requieren mucho dinero. Hay muchas cosas sobre la naturaleza que pueden resultar fascinantes. Considere la posibilidad de montar en bicicleta, hacer senderismo, tirarse unos clavados, un viaje de mochileros, kayak, observar las estrellas, paseos por el maíz o levantar las cortinas. Salga, diviértase y ahorre.

5. Venda lo que no necesita

El desorden puede darnos la ilusión de terminación, pero es todo menos eso. El desorden está hecho de cosas que nadie necesita realmente. Puede ser un drenaje de energía, esquinas, armarios y cajones abrumadores por toda la casa.

Usted puede cobrar vendiendo los artículos que no necesita. Publica sobre ellos en línea, llévalos a una tienda de consignación o haz una clásica venta de garaje.

Reduzca el número de posesiones que no necesita, cree un ambiente más tranquilo en su hogar y gane dinero mientras lo hace.

6. Aproveche las ofertas y promociones

Las empresas ofrecen todo tipo de ofertas a sus clientes. Trate de aprovechar estas ofertas y ahorre dinero de esta manera. Por ejemplo, cuando estés en un restaurante, aprovecha los especiales por happy hour. Hoy en día se extiende a las comidas y no sólo a las bebidas.

También deberías considerar aplicaciones de comida. Suscríbase a los boletines de sus restaurantes favoritos y le enviarán promociones y cupones. Al comer a un costo más bajo, usted ahorrará dinero. Y considere la posibilidad de darse de baja de las tiendas o restaurantes que tienden a hacer que gaste más de la cuenta. Esto requiere un cierto conocimiento de sus patrones de gasto.

Revise la parte inferior de sus recibos, ya que algunos restaurantes pueden ofrecer descuentos si realiza una encuesta. Usted puede hacer grandes ahorros a cambio de algo de su tiempo.

También puedes ver anuncios semanales y ofertas "BOGO" (Compre uno y llévese otro gratis). Las tiendas con ofertas "BOGO" están prácticamente rogando que ahorres algo de dinero. Siga este movimiento para ahorrar dinero: cree un plan de comidas basado en las ventas de su tienda. Considere almacenar el congelador y la despensa para el futuro. Tenga en cuenta lo que compró cuando haga planes de comidas para el futuro.

7. Haga una lista de compras y manténgase en su presupuesto

Comience por planear sus comidas - decida lo que va a comer en la cena, el almuerzo y el desayuno durante una semana entera. Luego haga una lista de los alimentos individuales que necesitará para hacer que esas comidas sucedan, teniendo en cuenta su presupuesto. Siempre apéguese a la lista que hace. Esto evitará que gaste más de la cuenta y que se olvide de los artículos de su presupuesto de comestibles.

8. Siempre solicite que se le exima del pago de cuotas

Cuando se inscribe para algo, puede haber algunos cargos que están involucrados, y siempre terminamos pagándolo. Se sorprendería de lo complacientes que pueden ser ciertas compañías cuando solicita una exención de tarifas.

Hacer eso no lo hará rico, pero algo de dinero extra de las tarifas exentas puede ser útil. No todas las empresas están de acuerdo con esto, pero nunca está de más preguntar.

Cómo desarrollar autodisciplina para evitar gastar más de la cuenta

Comenzamos cada mes con la intención de ahorrar dinero, comprando sólo las cosas que necesitamos, alejándonos de los expositores de ventas y observando de cerca nuestros gastos. A pesar de nuestros mejores esfuerzos, es posible que todavía nos encontremos gastando más de lo que queríamos.

No te castigues, esto nos pasa a la mayoría de nosotros. Hay muchas razones por las que podríamos gastar más de la cuenta. A veces es porque no somos conscientes de nuestros hábitos de gasto. O porque hemos calculado nuestros ingresos, pagos de deudas y gastos incorrectamente. Esto lleva a que los números de nuestra cuenta bancaria bajen más de lo que deberían. Cualquiera que sea la razón, si usted está listo para tomar el control de su dinero, aquí hay algunos consejos útiles que puede aplicar para desarrollar la disciplina personal para dejar de gastar más de la cuenta.

1. Conozca los factores desencadenantes de sus gastos

Para desarrollar la autodisciplina en torno al gasto, debe identificar los desencadenantes físicos y emocionales que lo hacen gastar. Una vez que esté al tanto de estos factores desencadenantes, puede comenzar a eliminar la oportunidad y la tentación de gastar más de la cuenta. Téngalo en cuenta:

Hora del día - ¿Tiene más energía durante ciertos períodos del día? Si ese es el caso, compre sólo cuando tenga más energía. De esta manera, usted tomará decisiones sabias en cuanto a los gastos. Después de todo, podemos pensar claramente cuando estamos menos presionados y más relajados.

Medio ambiente - ¿Existen ciertos entornos que le dan ganas de gastar? Los centros comerciales, las ferias de artesanías, los espectáculos caseros y las vacaciones son algunos ejemplos de ocasiones en las que es probable que usted gaste impulsivamente.

Usted puede luchar contra la tentación de llevar menos dinero con usted o evitar tales ambientes.

Además, si tiene una tienda favorita y a veces se encuentras deambulando por los pasillos en busca de ofertas increíbles, trate de limitar el número de veces que va allí. Si simplemente no puede limitar sus visitas, mantenga su tarjeta de crédito y dinero a salvo de usted mismo, o pídale a alguien en quien confíe que lo haga por usted.

Estado de ánimo - Diferentes estados emocionales y estados de ánimo pueden cambiar nuestros recursos energéticos, haciendo que gastemos más de la cuenta. Por ejemplo, si estamos ansiosos, estresados o molestos, podemos llevar la terapia de venta al por menor un poco demasiado lejos. En lugar de ir al centro comercial, trate de ir al parque o al gimnasio. El ejercicio y el aire fresco harán maravillas para mejorar su estado de ánimo.

Es importante identificar los estados de ánimo que resultan en sus malos hábitos de compra. Una vez que estos estados de ánimo golpeen, vaya a algún lugar donde su billetera no necesite estar involucrada.

Presión de grupo - ¿Gasta más dinero del que debería cuando sales con sus amigos? Incluso nuestros mejores amigos con las mejores intenciones pueden ser una mala influencia, especialmente si también tienen malos hábitos de gasto. Cuando no puede permitirse salir a comer fuera, ir de compras o de vacaciones, está bien rechazar sus invitaciones. Siéntase libre de ser honesto ya que es probable que entiendan.

O en todo caso, sugiera planes que no le hagan gastar más dinero. Puede reunirse para tomar un café en lugar de un brunch, explorar nuevos senderos para caminar en lugar de ir a un concierto o cenar en casa en lugar de comer en un restaurante.

Puede que no estés teniendo cenas elegantes o vacaciones costosas, pero aun así puedes disfrutar de una gran vida social. Con un presupuesto minimalista, sus conexiones sociales no serán sacrificadas.

Si le dice a sus amigos que está tratando de gastar menos, ellos pueden ayudarle en su viaje, y algunos de ellos pueden querer seguir sus pasos. Lo más importante es encontrar amigos que lo apoyen en el logro de sus metas financieras.

Estilo de vida - Si usted está acostumbrado a un estilo de vida determinado, puede ser difícil renunciar a él cuando se enfrenta a dificultades financieras. Pero si el gasto excesivo continúa, usted sólo terminará en peor forma.

Su educación puede haber influido en sus elecciones de estilo de vida. Si fue criado en un hogar donde el dinero era escaso, es posible que sienta la necesidad de gastar más para compensar las cosas que no recibió. Por el contrario, si usted creció en una familia donde el dinero no era un problema, querrá mantener el estilo de vida con el que creció. Esto puede ser financieramente perjudicial si su fuente de dinero no es la misma que solía ser.

La manera más fácil de vivir dentro de sus posibilidades es encontrar alternativas más baratas. Puede que tenga que sacrificar un poco de comodidad, pero es mejor que perder mucha comodidad cuando su cuenta bancaria se pone en números rojos.

2. Enumere sus prioridades

Necesita clasificar sus gastos mensuales en tres categorías principales: deseos, necesidades y ganas de tener. Incluya gastos como pagos de automóvil, renta, comestibles y servicios públicos en la categoría de necesidades. Los artículos como la ropa nueva deben ir bajo la categoría de deseos. Los canales de televisión por cable de primera calidad y el entretenimiento deben figurar en la categoría de "ganas para tener".

Usted debe establecer sus metas en base a estas listas. Considere la posibilidad de fijar las metas en términos positivos, y no como cosas sin las que tiene que vivir. Si siempre gasta $5 cada día en almuerzos de comida rápida, trate de reducir a dos almuerzos de comida rápida por semana. Considere traer el almuerzo de casa para los otros tres días. Los $15 adicionales se pueden destinar a uno de sus otros objetivos. Esto ayudará en la reducción de la deuda y aun así satisfacer sus antojos de comida rápida. Esta autodisciplina puede convertirse fácilmente en un hábito positivo y duradero.

3. Aprenda a presupuestar dinero

Sin un plan, no podrá detener el gasto errático. Si no aprendemos cuánto llevamos a casa y cuánto gastamos, seguiremos comprando lo que creemos que podemos pagar.

Sólo se dará cuenta después de un mes que ha malgastado dinero cuando su cuenta bancaria esté vacía y no puedas retroceder las decisiones equivocadas. Para evitar esto, aprenda a presupuestar su dinero.

Comience sumando todas sus fuentes de ingresos y luego todos sus gastos fijos como el pago de la deuda, el alquiler, el pago del coche, etc. Los gastos fijos son más fáciles de presupuestar.

Cuando esto se haga, haga una lista de sus gastos variables como gasolina, comestibles y entretenimiento y asigne fondos a cada categoría en base a cuánto ha gastado en el pasado.

Ver cuánto gasta en ropa, entretenimiento y otras necesidades puede ayudarle a ahorrar de lo que no necesita.

Intente probar su presupuesto. Lleve un registro de sus gastos durante un mes y compárelo con lo que ha asignado en su presupuesto. Haga todos los cambios necesarios en su presupuesto en el próximo mes.

4. Controle sus gastos

Las pequeñas compras que hacemos pueden sumar una gran cantidad. Si no los rastrea, sus arrepentimientos también aumentarán. El seguimiento de los gastos es la clave para un presupuesto exitoso. Le hará responsable de cada dólar que gaste. Cuando usted sabe adónde va su dinero, le ayuda a tomar mejores decisiones en el futuro.

Mucha gente comienza a hacer un seguimiento de los gastos más grandes, pero es crucial prestar atención a las compras más pequeñas también. Esos almuerzos fuera de casa, los cafés con leche de la mañana, los billetes de lotería o las compras de revistas pueden sumar más de lo que usted espera. Esto puede afectar su presupuesto de manera significativa.

5. Evalúese a sí mismo honestamente

Cada mes, compare sus gastos con lo que pensaba gastar. Es un buen momento para hacerse responsable. Si usted tiende a gastar más de la cuenta en ciertas áreas, esto significa que necesita reducir el gasto en esas áreas.

Tienes que ser honesto contigo mismo ya que la única persona que sufre de esta falta de disciplina es usted. Sosténgase a estándares más altos y sepa cuándo es el momento de ponerse serio con usted mismo.

6. Gastar sabiamente

Separe dinero cada mes para cubrir todas sus facturas y gastos. Ya sea que usted ahorre dinero en su computadora o físicamente, asegúrese de que este sea un hábito al que se acostumbra. Resista toda tentación de gastar dinero en otras cosas que no sean los gastos.

Pague tantas cuentas como pueda. Por ejemplo, pagar más por la factura de su tarjeta de crédito reducirá su saldo adeudado rápidamente y ahorrará dinero en intereses.

Puede comprar un "deseo" cada dos meses para no sentirte privado.

Resista la tentación de conseguir un bolso nuevo o un aparato de última tecnología que esté de moda. En su lugar, ponga estos artículos en su lista de deseos de cumpleaños o para cualquier otro día festivo que usted celebre. También puede juntar dinero en un frasco para ese artículo, y poner el cambio de su bolso o bolsillo en él todas las noches. Si usó un cupón en una tienda, ponga la cantidad que ahorró en el frasco. Trate de vender los artículos no utilizados en línea o en una venta de garaje, y ponga el dinero que ganó en el frasco de ahorros.

Se sorprenderá de lo fácil que es acumular dinero sin quitarle nada a sus cuentas mensuales.

7. **Pagar los gastos**

Haga que sea fácil resistirse a las compras impulsivas. Considere llevar sólo el dinero en efectivo que ha presupuestado. Y tal vez, permítase una tarjeta de crédito de bajo interés sólo para cuando realmente la necesite.

Utilice ingresos inesperados -reembolsos de impuestos, regalos de cumpleaños, bonos anuales- para pagar una tarjeta de crédito o un préstamo con altos intereses. Recuerde que invertir dinero extra en sus necesidades le permite incursionar en los gastos principales y pagarlos antes.

8. **Recompénsese a sí mismo**

Recompénsese cuando haya alcanzado metas significativas. Por ejemplo, después de haber pagado una cuenta enorme o haber mantenido con éxito la autodisciplina durante un largo período de tiempo.

Después de alquilar películas por un mes entero, recompénsese con un espectáculo en su teatro local. Si se ha abstenido de salir a comer fuera los fines de semana, recompénsese con una cena cada mes. Usted ha ahorrado dinero y ha progresado hacia hábitos de gastos más disciplinados. Esto es algo que vale la pena celebrar - ¡sólo asegúrese de que la celebración esté dentro del presupuesto!

9. **Defina sus motivaciones**

Es crucial entender lo que significa para usted lograr la seguridad financiera. Podría significar tener la libertad de hacer lo que quiera. O quizás es viajar, pasar más tiempo con la familia, o más tiempo para escribir una novela.

Aquí hay otros ejemplos a considerar:

- Retirarse anticipadamente

- Tener más dinero para los pasatiempos

- Crear una ONG.

- Renunciar a su trabajo por realizar una pasión que le ofrezca un salario más bajo o menos estabilidad.

Cualquiera que sea su verdadera motivación, es crucial que la identifique y la tenga en cuenta cuando sienta el impulso de gastar. Trate de averiguar de qué otra manera la autodisciplina financiera puede ayudarle a lograrlo. Sus motivaciones también pueden cambiar con el tiempo. Asegúrese de que puede adaptarse a estos cambios.

10. Deshágase de las tarjetas de crédito

Cuando vaya al supermercado o al centro comercial, tome la cantidad que crea que será suficiente y deje la tarjeta de crédito en casa. A menos que esté seguro de que podrá pagarla pronto, no debe llevar tarjetas de crédito consigo.

De esta manera evitará el gasto impulsivo y el riesgo de endeudarse.

Tener la información de la tarjeta de crédito guardada en su perfil de compras en línea puede hacer que sea fácil gastar impulsivamente. Todo lo que se necesita es un clic, y usted será sólo unos pocos zapatos más ricos y un montón de dólares más pobres.

Cuando borra estos números de tarjeta de crédito, hace que sea un poco menos conveniente comprar artículos innecesarios.

11. Establezca metas financieras a corto plazo

Establecer metas de dinero alcanzables y a corto plazo es una manera perfecta de mantenerse motivado a medida que cambia sus hábitos de gasto. Estos objetivos le recordarán constantemente las razones por las que está reduciendo los gastos.

Y es crucial establecer metas específicas. Un objetivo como 'reducir el gasto en comida fuera de casa' no va a funcionar bien porque no es específico. Necesita objetivos cuantificables como: "Reduciré de 150 a 75 dólares al mes lo que gasto en comida fuera de casa". Estos objetivos le darán un objetivo al que apuntar.

Algunas otras metas a corto plazo incluyen:

- Ahorrar el 10% de todos sus ingresos en una cuenta diferente

- Ceñirse a un presupuesto en efectivo

- Llevar el almuerzo al trabajo durante todo un mes

Independientemente de sus metas, es importante que las mantenga simples, alcanzables y al aire libre para recordárselas diariamente.

Capítulo 3 - Estrategias presupuestarias y planes financieros

Presupuestar y ahorrar no funciona para mucha gente y por razones obvias. Incluso cuando usted tiene un plan bien elaborado, gastar en lo que no es esencial es fácil.

El concepto básico detrás del presupuesto es simple, pero es en la ejecución donde la gente falla. Para ahorrar dinero, todo lo que necesita hacer es no gastarlo. Quiero decir, ¿qué tan difícil puede ser eso? Esto es lo que la mayoría de nosotros nos decimos a nosotros mismos cuando tratamos de establecer hábitos de dinero, pero algo siempre nos hace perder el enfoque.

Hay muchas estrategias para generar un presupuesto. Diferentes estrategias funcionan para diferentes personas. No encontrará una sola estrategia de presupuesto que funcione para todos. Con la planificación, la diligencia y la perseverancia adecuada, es posible crear y mantener un presupuesto eficaz.

Antes de implementar un presupuesto o plan financiero, usted necesita saber la razón para hacerlo. Si no lo hace, lo más probable es que no quiera crear un presupuesto. E incluso si usted crea un presupuesto, no es probable que se aferre a él si no sabe por qué existe en primer lugar. Tal vez usted ha sido imprudente con sus gastos y quiere dejar de comprar por impulso inmediatamente. O tal vez usted está en un plan de pago de deudas. O quizás usted es bueno con su dinero, pero no está haciendo grandes progresos en sus metas a largo plazo. Cualquiera que sea la razón, comience a definir por qué desea crear un presupuesto. Esto te mantendrá concentrado.

También tendrá que determinar sus prioridades. El presupuesto no se trata sólo de matemáticas y números. Se trata de vivir de la mejor manera posible mejorando su relación con el dinero. Se trata de averiguar lo que es importante para usted y luego cambiar sus hábitos de gasto para alcanzar sus metas y valores.

Si tiene metas de dinero, escríbalas. Concéntrese en las principales prioridades. Lo más importante a la hora de concentrarse en las prioridades es la honestidad. Si sus prioridades son deshonestas y no reflejan sus valores personales, se encontrará en conflicto al tomar decisiones cruciales. L e resultará difícil mantenerse motivado y en la tarea. Sea usted mismo cuando se trata de presupuestar.

Usted también tiene que monitorear su flujo saliente. Es importante hacer esto antes y después de crear un presupuesto. Esto se debe a que puede ser imposible saber cuánto asignar a ciertos artículos sin saber cuánto gasta en un mes. Hay muchas aplicaciones y servicios que le permiten separar el gasto en categorías.

Podría descubrir algo que le sorprenderá. Podría darse cuenta de que, si bien siente que no gana lo suficiente, gana más que lo suficiente para cubrir todos sus gastos y aun así ahorrar para una emergencia. Saber dónde está parado le ayudará a averiguar dónde quiere estar. Si se entera de que gana lo suficiente para ahorrar todos los meses, es posible que desee ver dónde puede recortar para comenzar a ahorrar en fondos de emergencia.

Ahora que usted sabe lo que se necesita para implementar una estrategia de presupuesto, podemos echar un vistazo más profundo.

4 poderosas estrategias de presupuesto para alinear sus gastos con sus metas de ahorro de dinero

Hay muchas maneras de abordar su presupuesto. Algunos son muy simples, mientras que otros son más complejos y detallados. Ningún método es mejor que el otro. Sólo tiene que encontrar un método que se ajuste a sus objetivos y personalidad. Los más comunes son:

1. **Regla de presupuesto 50/30/20**

Con esta regla, usted gasta el 50% de su sueldo en necesidades como deudas, seguros, comestibles, servicios públicos y vivienda. El 30% se destinará a lo que quieras. Estas son las cosas de las que puedes prescindir, pero que sin embargo te hacen feliz. El 20% restante de sus ingresos se destina al ahorro. Esto podría ahorrarse para la jubilación, para trabajar en pros de metas o para poner su dinero en una inversión. Utilícelos para ahorrar para un automóvil, unas vacaciones de ensueño, el fondo para la universidad de sus hijos o una casa.

Por lo tanto, si usted gana $5,000 cada mes, $2,500 deben ir hacia sus necesidades. Se pueden gastar $1,500 en sus deseos, y el resto debe ser ahorrado.

Algunas necesidades son obvias, pero averiguar si algo es un deseo o una necesidad puede ser un desafío. Por ejemplo, la ropa de trabajo sería una necesidad, mientras que la ropa de moda para salir se clasificaría como deseos. Es posible que necesite un servicio de suscripción mensual para realizar copias de seguridad de sus archivos digitales en la nube, pero un servicio de transmisión de música sería un deseo.

Es vital categorizar sus necesidades y deseos si quiere mantenerse en el camino correcto.

2. Presupuesto de suma cero

En esta estrategia de presupuesto, cada dólar que usted gana se le asigna un trabajo. La cantidad de dinero que usted gana menos sus gastos debe ser cero.

Por lo tanto, si su ingreso total es de $5,000 por mes, busque un lugar a donde vaya a ir ese dinero. Usted debe dividir su presupuesto en diferentes categorías. Considere los gastos relacionados con el automóvil, comer fuera de casa, alquiler y servicios públicos, artículos personales, comestibles, deudas y seguros. Si usted ha cubierto todos sus gastos y todavía le quedan $500, necesita asignar una tarea a los dólares restantes.

El valor de esta estrategia de presupuesto es que no deja nada sin algo para hacer. Cada dólar se contabiliza y se utiliza de la forma que usted desee.

La mejor manera de abordar un presupuesto de suma cero es anotarlo todo. Averigüe su ingreso anticipado antes de que comience el mes, luego cree un presupuesto en el cual esos dólares irán y haga los ajustes requeridos a medida que avance.

3. Anti-presupuesto

Contrariamente a lo que sugiere el nombre de esta estrategia presupuestaria, sigue siendo una especie de plan de gastos. En esta estrategia, no tendrá que preocuparse por categorías específicas. Pagas sobre la marcha. La cuestión es que primero debe pagar por sus prioridades.

Esta estrategia de presupuesto es perfecta para aquellos que quieren presupuestar, pero tienen problemas para empezar. Esto requiere coherencia y comprensión de sus prioridades.

Defina sus prioridades y haga de las necesidades una prioridad antes de considerar los deseos. Gasta lo que tengas en las necesidades, y cuando todo esté pagado, puedes gastar el resto en lo que quieras.

4. Presupuesto de flujo de dinero

Con esta estrategia de presupuesto, se requiere un poco de ensayo y error.

Cuando haya calculado cuánto necesita cada mes para pagar todos los gastos, puede crear un flujo de dinero. ¿Cómo funciona eso? La mejor manera es averiguar cuáles son todos sus gastos recurrentes y establecer un pago automático para cada uno de ellos. Esto incluye necesidades fijas como servicios públicos y alquiler. Usted pagará estos gastos directamente de su cuenta corriente. Después de que el dinero fluye el día de pago, sus cuentas se pagan tan pronto como se vencen. No tendrás que tocar nada.

Esta estrategia de presupuesto es la mejor para aquellos que quieren olvidarse de cuando se vencen las facturas. Usted debe sentirse cómodo con la automatización del pago de facturas y, por supuesto, debe hacer el esfuerzo de organizarlo desde el principio.

Cuando todos los gastos fijos hayan sido pagados, tome el resto de sus ingresos y haga un presupuesto. Esto significa que usted sólo monitoreará el gasto discrecional y variable. Esto incluye gasolina para el auto, entretenimiento, comestibles, etc. Si le apetece, también puede transferir este dinero a una tarjeta de débito o a una cuenta bancaria separada.

Mejor aún, si el auto monitoreo funciona bien para usted, puede usar una tarjeta de crédito para administrar los gastos variables. Sólo asegúrese de pagar el saldo en su totalidad cuando termine el mes.

Usted todavía tendrá que revisar sus gastos regularmente y

hacer cambios si siente que no está progresando. El resultado ideal de esta estrategia es que usted hará menos trabajo mensual y estará al tanto de todo lo que sucede con su dinero. Incluso si la mayor parte del trabajo es automatizado, esto no significa que usted tiene que dejar de prestar atención.

Una de estas estrategias será adecuada para usted; sólo tiene que descubrir cuál es. El enfoque que elija depende de cómo trabaja mejor, cuánto trabajo puede realizar y los detalles que desea insertar en su presupuesto. Lo más importante es que usted priorice la elaboración de un presupuesto.

Asegurarse de que la ejecución de la estrategia presupuestaria sea satisfactoria

1. Utilice su presupuesto

Un presupuesto es inútil si no se usa. Cuando haya identificado una estrategia presupuestaria que le parezca adecuada, considere la posibilidad de probarla. Las finanzas personales implican mucho ensayo y error. No se preocupe si prueba una estrategia y no funciona. Intente con otro en su lugar.

2. Actualice su presupuesto regularmente

Siempre encontrará espacio para mejorar. Acostúmbrese a revisar y cambiar su presupuesto a intervalos regulares para obtener los máximos beneficios de su dinero. Presupuestar lleva tiempo. Haga un presupuesto, viva con él, y con el tiempo notará lo que no funciona, y podrá ajustar en consecuencia.

No hay reglas que pueda aplicar para mejorar su presupuesto. La satisfacción personal debe ser su guía. ¿Está satisfecho con la administración mensual de su dinero? Si no lo está, considera por qué.

3. Usar los hábitos existentes para crear otros nuevos

Considere un hábito establecido y utilícelo para implementar uno nuevo. Por ejemplo, digamos que siempre toma café todas las mañanas antes de ir a trabajar. Si usted quiere ser mejor en la comprobación de cuánto dinero queda en su presupuesto, conecte estos dos hábitos. Después de tomar una taza de café, considere usar una aplicación de dinero o ingresar a su cuenta bancaria para verificar el saldo. Revisar su saldo cada vez que toma una taza de café hace que sea fácil de recordar. El nuevo hábito de controlar su presupuesto es fácil de implementar cuando lo vincula a un hábito al que está acostumbrado.

15 pasos sencillos para crear un plan financiero que le permita ahorrar más y ganar más dinero

Un plan financiero es una hoja de ruta para guiarlo hacia un futuro mejor. Se extiende más allá de sólo invertir y presupuestar. Un buen plan financiero le ayudará a navegar por los principales hitos financieros.

Un plan financiero actúa como un conjunto de principios o reglas por los cuales usted vive. Las reglas de su plan financiero deben ayudarle en el gran esquema de su vida. Usted necesita tener un plan financiero flexible que le permita ajustar el curso cuando la vida se torna difícil. Los principios básicos pueden seguir siendo los mismos, pero las finanzas pueden cambiar rápidamente cuando se casa, compra una casa, tiene hijos, sufre de una discapacidad o enfermedad, se divorcia, se prepara para la jubilación o viajas por todo el país. Un plan financiero debe actuar como una brújula para volver a encaminarse.

Su asesor financiero puede ayudarle a establecer un plan, pero la mayoría de los asesores se centran en la venta de productos como seguros, inversiones e hipotecas. Lo más probable es que no le pregunten dónde quieres estar en los próximos cinco años. Además, es posible que no entiendan realmente sus necesidades de dinero a corto y largo plazo.

Una mejor opción es trabajar con un asesor monetario de pago. Ellos analizarán su salud financiera y elaborarán un plan para ayudarle a alcanzar sus metas. El único problema es que hay pocos asesores que sólo cobren honorarios y un plan integral puede costarle miles de dólares.

Otra buena idea es crear un plan financiero básico. Este proceso le hará pensar en el dinero de maneras que nunca había considerado.

Aquí están los pasos más sencillos para ayudarle a crear su plan financiero:

1. Identifique sus objetivos

Usted debe decidir con precisión lo que quiere de sus finanzas y qué estrategias le ayudarán a lograrlo.

¿Tiene hijos que se espera que asistan a la universidad algún día? Si es así, usted necesita ahorrar dinero para que eso suceda.

¿A qué edad piensa jubilarse? Saber esto le ayudará a calcular su meta y cuánto tiempo tiene para alcanzarla.

¿Quiere salir de la deuda completamente? Si es así, sume todas sus deudas y determine cuánto tiene que pagar cada mes para saldarlas en un período de tiempo determinado.

También puede trabajar con un planificador financiero para alcanzar las metas más realistas y que valgan la pena. A veces los planificadores les dicen a sus clientes lo que quieren oír, pero un buen planificador les dirá lo que necesitan oír.

Además, recuerde que pagar a su planificador financiero es un gran desperdicio si no utiliza sus consejos. Sería como ir al médico y luego no tomar el medicamento recetado.

Cuando haya establecido sus metas, identifique un plan sólido.

2. Elaboración de un presupuesto

Toda planificación financiera requiere que usted gaste menos dinero del que gana. Ya sea que su meta sea jubilarse temprano o pagar su hipoteca, usted necesita dinero extra para hacer realidad dicha meta. Por eso necesita un presupuesto. Usted encontrará que muchas personas se saltan este paso, razón por la cual nunca logran metas financieras significativas.

Mucha gente piensa que los presupuestos añaden estrés, pero la mayoría de las veces, hacen lo contrario.

3. Recorte de gastos

Identifique los gastos necesarios en su presupuesto. Esto es lo que debes pagar sin importar lo que pase. Luego identifique los gastos que son importantes, pero sin los cuales usted podría vivir. Estos son necesarios, sin embargo, pueden ser cortados hasta cierto punto.

Identificar los gastos discrecionales. Estos pueden ser deseables, pero no son necesarios. Usted puede eliminar completamente estos gastos sin afectar su supervivencia.

Cuando usted tiene todos sus gastos en categorías apropiadas, es hora de hacer reducciones. Reducir los gastos importantes y eliminar algunos gastos discrecionales.

4. Eliminar las deudas

No tiene sentido invertir y ahorrar dinero cuando está pagando muchos intereses sobre la deuda que debe.

Salir de la deuda requiere disciplina, pero es posible. Si tiene muchas deudas, debe reducir drásticamente sus gastos y aumentar sus ganancias para pagarlas rápidamente. Incluya toda su deuda excepto la primera hipoteca de su casa.

Cuando se le acaben las deudas, establezca sistemas que le impidan volver a endeudarse. Esto incluye apartar dinero para compras grandes y tener el seguro de salud adecuado para que no tenga que asumir deudas médicas repentinas.

5. Construir un fondo de emergencia

Cuando esté sin deudas, considere la posibilidad de crear un fondo de emergencia que pueda cubrir sus gastos durante seis meses. Este colchón le permitirá dejar sus inversiones en paz durante los momentos difíciles. Esto sólo debe usarse para emergencias reales como la pérdida de empleo, para proteger los ahorros e inversiones de jubilación.

Si tiene que recurrir al fondo de emergencia, concéntrese en devolver el dinero lo antes posible. Si tiene un trabajo inestable, debe considerar ahorrar para cubrir los gastos durante un año en caso de que surja una emergencia.

Si está creando un plan financiero al mismo tiempo que paga la deuda, establezca un fondo de emergencia más pequeño de aproximadamente $1,500 o un ingreso mensual para ayudarle a cubrir gastos inesperados. Esto le asegurará que saldrá de la deuda sin añadir más deuda.

6. Determine su patrimonio neto

Averigua dónde está antes de pensar en dónde quiere estar. Cree una declaración de patrimonio neto para hacerse una idea de su situación financiera.

Resuma todos sus activos y reste los pasivos. Lo que queda es su patrimonio neto.

7. Compruebe su flujo de caja

Si desea un plan financiero sólido, debe entender cuánto ahorra y cuánto gasta. Puede utilizar una aplicación o una hoja de cálculo para hacer un seguimiento del dinero proveniente de los intereses, salarios y beneficios del gobierno, y del dinero que se destina a pagos de deudas, alquileres y facturas de servicios públicos.

Llene sus gastos mensuales en una columna y los gastos anuales en una columna diferente. Sume los gastos en ambas columnas y luego reste del ingreso neto total sobre una base anual y mensual. Obtendrá su superávit o déficit de flujo de caja.

El seguimiento de su flujo de efectivo le dará una sensación de confianza y control que le facilitará la implementación de los cambios financieros.

8. Haga coincidir sus objetivos con sus gastos

Ya que usted ha identificado sus metas y determinado el flujo de caja, es hora de comparar sus metas con sus gastos. ¿Qué tan bien encajan sus hábitos de gastos con sus metas?

Si hay un déficit de flujo de caja, significa que usted no alcanzará su meta, así que tendrá que reducir ciertos gastos para asegurarse de que haya dinero sobrante. Si hay un superávit de efectivo, entonces usted puede comenzar a asignar dinero para alcanzar sus metas.

9. Revise la cobertura de su seguro

Muchos planes de empleadores ofrecen una cobertura mínima de seguro de vida. Los cálculos básicos le ayudarán a determinar si cubre lo suficiente. Debe asegurarse de que su seguro de vida sea suficiente para pagar las deudas que debe. Además, debe cubrir diez veces su ingreso cuando tiene hijos menores de 10 años, y cinco veces su ingreso si tiene hijos mayores de 10 años.

10. Reducir los impuestos

La mayoría de las familias tienen un plan de impuestos directo y lo más probable es que usted ya se aproveche de los mejores refugios de impuestos cuando es dueño de una casa o cuando contribuye a su TFSA, RRSP y RESP.

Pero si usted trabaja por cuenta propia y depende de los ingresos por alquileres, comisiones o inversiones significativas, puede contratar a un contador para que le ayude en la planificación de los impuestos sobre la renta.

11. Crear una política de inversión

Un buen plan financiero debe tener una declaración de política de inversión que aconseje sobre cómo debe invertirse su cartera.

Cuando escriba su política de inversión en papel, le ayudará a mantenerse al día con las inversiones cuando los mercados se vuelvan volátiles.

Puede crear una política simple. Por ejemplo, hay que indicar que debe invertir en ETFs de bajo costo y ampliamente diversificados o en fondos de índices que se reequilibrarán anualmente para mantener el 25% de los bonos canadienses, el 25% de los valores de renta variable estadounidense, el 25% de los valores de renta variable canadienses y el 25% de los valores de renta variable internacional. El dinero nuevo se agregará a los fondos de menor valor para que usted pueda comprar bajo.

12. Crear un testamento y mantenerlo actualizado

Todo adulto con bienes, hijos y cónyuge debe tener un

testamento. Usted necesita un testamento preciso y actualizado para que sus activos puedan ser distribuidos de la manera que usted desea.

La planificación financiera no termina cuando uno muere. Usted debe tomar medidas para lo que podría sucederle a su propiedad cuando usted no esté. Si usted no tiene un testamento, lo más probable es que los sobrevivientes terminen en la corte luchando por sus bienes. Sus activos podrían incluso terminar desapareciendo.

Dedique algún tiempo y reúnase con un abogado de confianza para redactar un testamento que distribuya sus bienes de acuerdo con sus deseos.

Cree uno ahora y podrá hacer ajustes en el futuro si su situación financiera cambia.

13. Ahorrar para la jubilación

Tal vez ha estado ahorrando para la jubilación, incluso si es sólo una pequeña cantidad cada mes. Tan pronto como salga de la deuda, su flujo de efectivo aumentará, permitiéndole ahorrar más dinero para la jubilación.

Si aún no ha comenzado a ahorrar, comience con una cantidad que no perjudique su situación financiera. Su meta debe ser aumentar su contribución cada año.

Puede lograrlo dirigiendo su futuro aumento de sueldo a la contribución. También puede aumentarlo redirigiendo los pagos de la deuda una vez que haya pagado la deuda. Si usted tiene una situación financiera fuerte, se sentirá seguro de contribuir con una cantidad enorme a su plan de jubilación, como cheques de bonificación y reembolsos de impuestos sobre la renta.

14. Ahorrar para otros objetivos

Hay muchas otras razones para ahorrar dinero. Ahorrar para una futura educación universitaria o un automóvil nuevo son ejemplos perfectos.

La razón de ahorrar para estas otras metas es que haya más dinero disponible para otros gastos y para que pueda evitar endeudarse y pagarlos.

No sirve de nada trabajar duro para salir de la deuda, sólo para volver a caer en ella cuando se enfrenta a un gran gasto.

Muchas personas se quedan atascadas en un ciclo de deuda del que nunca parecen recuperarse. Es por eso por lo que un buen plan financiero debe incluir una estrategia de prevención. Esto implica ahorrar dinero para cosas que sucederán en el futuro.

Puede establecer un depósito semanal automático en su cuenta de ahorros. Usted puede ahorrar $150 por semana en lugar de $500 por mes. Las cantidades más pequeñas pueden ser más realistas que las cantidades más grandes.

15. Invertir y diversificar

Cuando haya alcanzado el límite de elegibilidad en las cuentas de jubilación, puede utilizar otras herramientas como anualidades, fondos mutuos o bienes raíces para aumentar su cartera de inversiones.

Usted debe diversificar los tipos de inversiones que realiza. Si usted es cuidadoso y consistente con sus inversiones, habrá un punto en el que las inversiones harán más dinero que usted. Esto es una gran cosa para tener de su lado cuando se jubile.

Cuando esté más cerca de jubilarse, es posible que desee cambiar la forma en que invierte. Realice inversiones más seguras que no se vean afectadas por los cambios del mercado.

Esto asegura que usted tenga el dinero que necesita incluso si la economía se derrumba. Cuando se es joven, se tiene suficiente tiempo para que el mercado se recupere. Usted puede conseguir un asesor financiero si necesita ayuda con esto.

Capítulo 4 - Salir de la deuda

Muchas personas tienen planes para pagar sus deudas y la mayoría de ellas fracasan porque no han identificado su verdadera motivación. Usted puede comenzar totalmente motivado para pagar toda la deuda, pero es fácil desanimarse después de haber pasado las etapas iniciales.

Si desea mantener su impulso, debe recordarse continuamente las razones por las que necesita salir de deudas. ¿Cómo le beneficiará pagar su deuda? ¿Qué no puede hacer ahora que puede cuando está libre de deudas?

Si no ha identificado su verdadera motivación, hágalo ahora. Su motivación es la recompensa por la que está caminando. Definirlo le hará darse cuenta de cuánto lo quiere y cuánto está dispuesto a trabajar para lograrlo.

Salir de deudas aumenta su seguridad financiera. Es una grave amenaza para la seguridad financiera. La cantidad que usted gasta en pagos de deudas podría haberse ahorrado para una emergencia, jubilación o para el fondo universitario de su hijo. Estar libre de deudas le permite estar seguro financieramente.

Las deudas también le impiden ahorrar dinero para las cosas que disfruta. Desafortunadamente, esta es la razón por la que la gente se endeuda más. No pueden permitirse las cosas que aman, así que hacen pagos a crédito hasta que ya no pueden pedir más dinero prestado. Pagar todas las deudas le libera de este círculo vicioso y le permite gastar sus ingresos en lo que disfruta.

Las deudas también pueden causar más estrés, ya que usted se preocupa por cubrir los pagos de las deudas y otros gastos. Un poco de estrés ocasionalmente no es dañino, pero el estrés todo el tiempo puede llevar a problemas serios de salud como migrañas y ataques cardíacos. Liberarse de las deudas puede salvarle la vida.

Lo que es desafortunado acerca de las deudas es que mientras a más gente le debe, más cuentas debe pagar. Cuando usted está libre de deudas, tiene menos cuentas cada mes. Sólo tendrá que preocuparse por los gastos básicos como el servicio de telefonía celular, el seguro y los servicios públicos.

Una persona libre de deudas tiene una puntuación de crédito más alta. Una deuda enorme, como una deuda de tarjeta de crédito, tendrá un impacto negativo en su puntaje crediticio.

Una persona libre de deudas también enseña a sus hijos buenos hábitos de dinero con el ejemplo. Si usted quiere que sus hijos se mantengan alejados de las deudas, demuéstreles la importancia de estar libres de deudas y cómo vivir una vida libre de deudas.

Averigüe qué causa las deudas

¿Alguna vez ha considerado la razón por la que tiene una deuda? ¿Alguna vez ha hecho el recuento de estas razones? Todos sabemos que la deuda puede llevarnos a consecuencias desastrosas en nuestras vidas. A veces consume nuestros activos, daña nuestras relaciones y produce un estrés mental intenso.

Muchas personas han caído profundamente en el agujero negro de la deuda financiera. Si bien es posible que conozcamos las razones obvias del por qué, hay otros factores que llevan a la acumulación de deuda.

La mayoría de la gente ha pasado su vida adulta endeudada y no hay nada divertido en ello, pero no tiene por qué definirte.

A pesar de que existen programas efectivos de eliminación de deudas como la liquidación y consolidación de deudas, debemos estar conscientes de las cosas que nos llevan a cometer grandes errores financieros para poder evitarlos.

1. Falta de uso prudente del dinero

El primer error que nos lleva a la deuda es gastar más de la cuenta. Muchas personas se han metido en problemas financieros porque gastaron más de lo que podían permitirse. Esto suele ocurrir cuando no se establece un presupuesto o se crea uno y no se cumple.

Si gasta más de lo que gana, debe aprender a reducir sus gastos. Y una vez que haya recortado sus gastos, es hora de averiguar cómo puede ganar más dinero.

Otra forma en que la gente no usa su dinero sabiamente es no obtener un seguro. Esto ha hecho que muchos individuos y empresas caigan en deudas enormes. Cuando usted tiene un seguro adecuado, especialmente un seguro de salud, usted se mantendrá a flote durante una emergencia.

Lo mismo ocurre con las pequeñas empresas. Si una pequeña empresa no contrata un seguro de responsabilidad civil u otras coberturas de seguro, podría sufrir una pérdida financiera significativa si ocurre un accidente o si es demandada. El seguro de negocios es crucial para todas las empresas para la protección básica.

Algunas personas tampoco ahorran para un fondo de emergencia, por lo que se endeudan enormemente cuando se produce una emergencia. Incluso ahorrar una pequeña cantidad de dinero puede hacer una gran diferencia. Sin un fondo de emergencia, puede ser difícil recuperarse de una emergencia. Tendrá que usar sus ahorros o pagar con crédito. Esto puede conducir a una gran acumulación de deuda.

Algunas personas adquieren el hábito de apostar y terminan perdiendo mucho dinero. Muchos ven el juego como el mejor tipo de entretenimiento, pero es sólo una forma garantizada de darle su dinero a las compañías de juegos de azar. Como los préstamos están fácilmente disponibles en estos días, la gente es adicta a la idea de ganar la lotería y hacerse rica. El juego puede llevar a alguien a tirar su futuro a la basura mientras intenta recuperar el dinero que ha perdido.

2. Incertidumbre de vida

A veces pasan cosas en nuestra vida que no esperamos y terminan causando problemas financieros. Por ejemplo, las cirugías médicas pueden ser costosas. Los costos y gastos médicos a veces pueden llevar a la gente a endeudarse. Si alguien ha pasado por una cirugía médica mayor, es probable que su seguro no cubra el costo total. A veces pueden no estar asegurados en absoluto. Cuando esto sucede, podrían fácilmente acumular una deuda enorme. Puede ser difícil evitar el costo masivo del procedimiento, pero todavía se pueden encontrar grandes hospitales que cobran menos que el resto. Usted no tiene que ir a un hospital específico a menos que su seguro lo requiera.

Otra incertidumbre es la inflación. La mayoría de la gente no se da cuenta de cuánto ha subido el costo de la vida. Entre la gasolina, la comida, la vivienda y otros gastos, la mayoría de las personas no recibirán un aumento de sueldo para compensar estos aumentos. Si no pueden recortar los gastos, puede conducir a más deudas. Si usted deja su dinero en una cuenta de ahorros regular, sus ahorros podrían ser despojados debido a la inflación.

Otra razón por la que la gente se endeuda es un cambio de ingresos. La gente tendrá dificultades para pagar las cuentas y rápidamente absorberá los ahorros o recurrirá a las tarjetas de crédito.

Usted también podría mudarse a una casa diferente y la banda de impuestos del concilio podría llegar a ser alta. Tal vez el propietario le aumente el alquiler. La tasa de interés de una hipoteca también podría subir. ¿Cómo va a hacer frente a estos cambios? Esto puede enviar fácilmente a una persona a endeudarse.

El divorcio también puede suponer una carga para los gastos personales. Hay leyes que gobiernan lo que se debe hacer con dinero durante un acuerdo de divorcio. Si una de las partes exige demasiado, la otra podría tener que endeudarse para pagar un abogado, así como lo que la otra parte quiere como parte del acuerdo.

4. Robo de identidad

El robo de identidad ocurre cuando un criminal abre ilegalmente una cuenta a su nombre y luego acumula una gran cantidad de deudas. La víctima se quedará con toda la deuda que alguien más acumuló y deberá pagarla. Los casos de robo de identidad han ido en aumento y podría sucederle a cualquiera.

5. Falta de conocimientos financieros

Mucha gente no tiene la experiencia o educación financiera necesaria para tomar decisiones financieras acertadas. Pueden terminar dependiendo de las tarjetas de crédito u obteniendo préstamos con altos intereses porque no saben qué es lo mejor que pueden hacer.

Además, un presupuesto deficiente conduce a la deuda. Una

persona con buenos conocimientos financieros sabe lo importante que es un presupuesto mensual. Sin un buen presupuesto, no podrá saber adónde va su dinero. Si usted lleva un registro de los gastos durante todo un mes, verá exactamente adónde va su dinero. Aquí es donde usted puede aprender acerca de los gastos innecesarios. Sin esto, usted puede fácilmente gastar más de la cuenta y acumular deudas.

6. **Familias en expansión**

Muchas personas casadas y solteras pueden sentir que tienen mucho dinero extra, pero una vez que deciden tener hijos, eso puede cambiar. A veces las familias pueden tener que renunciar a un ingreso, lo que puede perjudicar sus finanzas. Si usted no tiene un hijo, es posible no entender que los servicios de guardería pueden costar mucho. Se sorprendería de la cantidad de dinero que requieren las guarderías todos los meses.

7. **Impuestos y cargos por altos intereses**

Para la mayoría de la gente, los impuestos federales se han mantenido estables durante años, pero los impuestos estatales, de productos y locales, han seguido aumentando. Esto significa que la persona promedio tiene menos dinero para gastar. Hay impuestos en todas partes y cuanto más dinero ganamos, más se nos gravan.

Muchas cuentas de tarjetas de crédito tienen tasas de interés que exceden el 20%. Esto puede hacer que sea imposible pagar la deuda. Muchos se han endeudado mucho por culpa de las tarjetas de crédito.

8. **Inversiones pobres**

Las personas pueden tener buenas intenciones cuando empiezan a invertir, pero a veces estas inversiones van mal y pierden dinero.

A veces invertir puede ser complicado, pero no tiene por qué serlo. Usted necesita tener cuidado al invertir o de lo contrario podría perder mucho dinero. Considere la posibilidad de mantener sus inversiones simples.

9. Enterrar la cabeza en la arena

Si no abre los correos electrónicos en su felpudo, si evita las llamadas telefónicas de sus acreedores e ignora los problemas financieros, se dará cuenta de que se endeudará rápidamente.

Tal vez no tiene suficiente tiempo para ocuparse de sus finanzas o piensa que, si no abre su correspondencia, la situación desaparecerá. Ambas suposiciones son erróneas.

Cuando no se puede hacer frente a la situación, las cosas sólo empeorarán. Si no puede pagar una cuenta del hogar, llámelos. Explíqueles por qué no puede pagar y discuta los planes.

Ignorar una factura puede convertirla en deuda. Usted puede empezar a ver cartas de un abogado o de una compañía de administración de deudas. Ellos empezarán a perseguir estos pagos y esto afectará su puntaje crediticio. Las tarifas también llegarán pronto. Usted puede ser llevado a la corte y se le puede dar un CCJ. Los agentes de la policía aparecerán sin avisar y llamarán a su puerta. Para evitar esto, atienda esas llamadas y deje de evitar esas cartas.

10. Compararse con los demás

Gastar dinero porque siente que necesita las mismas cosas que los demás pronto lo llevarán a endeudarse. Esto es especialmente cierto si usted no puede pagar estas cosas. La mayoría de la gente en la sociedad quiere algo que sus vecinos tienen. La moda cambia cada temporada y los medios de comunicación empujan a los productos a fabricar deseos. Uno puede fácilmente quedar atrapado en derroches.

No importa lo que otros estén haciendo. Deje las comparaciones ahora.

11 técnicas prácticas para ayudarle a salir de deudas - sin importar la cantidad

No importa por lo que esté pasando, ya sea que haya pedido un préstamo o que haya agotado el límite de su tarjeta de crédito, es su obligación devolverlo. Incluso si usted ha enfrentado una experiencia que le ha cambiado la vida como un accidente, la pérdida del trabajo o un aumento en los gastos después de tener un hijo, la deuda no decidirá de repente ser amable.

Los gastos excesivos pueden ocurrir en cualquier momento del año. La mayoría de la gente trata de salir de la deuda, pero la vida se vuelve más dura y algunos terminan rindiéndose. Este no debería ser el caso para usted. Hay mucha gente que sale de deudas todos los días. La mayoría de la gente lo hace en poco tiempo.

Si usted ha comenzado un viaje hacia la libertad financiera, debe tener un plan para manejar sus deudas.

Piensa en ese gran proyecto que estás planeando. Tal vez sea una renovación de la casa, una tarea de la escuela, del trabajo u ordenar el garaje. Algunos proyectos son tan desalentadores que terminamos posponiéndolos por un tiempo. A mucha gente le resulta imposible saldar sus deudas porque tratan con ellos de esta manera.

Aplazan el contestar el teléfono, abrir el correo o hacer cualquier tipo de reparación porque parece una tarea demasiado grande.

Tan tentador como puede ser ceder al estancamiento, la mejor manera de abordar un proyecto de gran envergadura es dividir las tareas en pasos más pequeños que se puedan lograr. Esta misma regla se aplica para salir de la deuda. Aquí están las técnicas que le ayudarán:

1. Pague más de lo mínimo

Si usted tiene un saldo de tarjeta de crédito de aproximadamente $15,000, y paga un APR del 15%, y hace un pago mensual mínimo de $600, le tomará aproximadamente 13 años pagarlo. Eso es sólo si no pide prestado más dinero mientras tanto. Esto puede ser un gran desafío.

Ya sea que usted tenga un préstamo personal, una deuda de tarjeta de crédito o un préstamo estudiantil, la mejor manera de salir pronto de la deuda es pagar más que el pago mensual mínimo. Cuando lo haga, ahorrará en intereses mientras paga el préstamo y le ayudará a pagar la deuda antes. Para evitar dolores de cabeza, asegúrese de que su préstamo no le cobre multas por pago anticipado antes de comenzar.

Si necesita ayuda, hay muchas herramientas de pago móviles y en línea que le ayudarán. Ellos le ayudarán a hacer un seguimiento y un gráfico de su progreso a medida que trata de despejar los saldos.

2. Usar el exceso de efectivo para pagar la deuda

Siempre que haya dinero extra en su regazo, úselo para acelerar el proceso de pago de la deuda. Algunos buenos ejemplos de este dinero inesperado incluyen una herencia, las ganancias de la venta de un coche, un reembolso de impuestos, y las ganancias de una apuesta. Cuanto más dinero invierta en el pago de la deuda, más rápido se liquidará. El pago de la deuda no tiene que tomar para siempre. Utilice el dinero que obtenga de su aumento anual o bono de trabajo para acelerar las cosas.

Cada vez que obtenga una fuente de ingresos inusual, desvíe el dinero y úselo con prudencia. Incluso puede utilizar el dinero para compensar el saldo más pequeño, de modo que pueda concentrarse en el más grande.

3. Pruebe el método bola de nieve de la deuda

Considere la posibilidad de probar el método de bola de nieve de la deuda para crear impulso y acelerar el proceso de pago de la deuda.

El primer paso consiste en hacer un listado de todas sus deudas y organizarlas desde las más pequeñas hasta las más grandes. Siempre que tenga exceso de fondos, comience por pagar el saldo más pequeño. Considere hacer pagos mínimos en los préstamos más grandes. Cuando se haya pagado el saldo más pequeño, comience a usar los fondos excedentes para pagar la siguiente deuda más pequeña hasta que la haya saldado y así sucesivamente.

A medida que pase el tiempo, podrá eliminar los saldos más pequeños y dispondrá de más dinero para eliminar los préstamos más grandes.

4. Conseguir un trabajo a tiempo parcial

Eliminar la deuda con el método de bola de nieve puede acelerar el proceso de pago, pero ganar más dinero puede acelerar aún más el proceso.

La mayoría de las personas tienen una habilidad o un talento que pueden monetizar. Puede ser cuidar niños, limpiar casas, cortar el césped o convertirse en un asistente virtual.

Hay muchos sitios que pueden ayudarle a ganar dinero extra.

Busque un trabajo a tiempo parcial en su área con un minorista local que pueda necesitar trabajadores temporales para que lo ayuden cuando las tiendas estén ocupadas. Estos trabajos de medio tiempo pueden ayudarle a ganar suficiente dinero para salir de la deuda.

Hay otros trabajos de temporada que puede conseguir. Durante la primavera, hay muchos trabajos en granjas e invernaderos que pueden beneficiarlo.

Durante el verano, puede intentar ser operador turístico, paisajista o socorrista. Durante el otoño, hay trabajos estacionales en parches de calabazas, atracciones de casas embrujadas y para la cosecha de otoño.

No importa la época del año, siempre encontrará un trabajo temporal para ayudar con las finanzas.

5. Haga los pagos de la deuda tan a menudo como pueda

Esta estrategia vale la pena cuando se trata de cuidar de su hipoteca. Cuando usted hace pagos mensuales, terminará pagando más intereses y perderá la oportunidad de aprovechar el tiempo.

El tiempo seguirá avanzando sin importar cómo haga sus pagos, por lo que la estrategia más fácil y menos dolorosa para pagar sus préstamos hipotecarios es acelerar los pagos.

Cambie la frecuencia de sus pagos mensuales a semi mensuales, semanales o quincenales. Esto dependerá de la frecuencia con la que reciba un cheque de pago. Este cambio le ahorrará dinero y tiempo. La mejor estrategia para abordar un gran proyecto es dividirlo en pasos más pequeños.

Hacer pagos frecuentes es también una estrategia perfecta para pagar la deuda de su tarjeta de crédito. Cuanto más a menudo haga pagos, incluso si es sólo con dinero extra, menos probable es que lo desperdicie en algo que no necesitará. Si quiere salir de deudas, busque maneras de hacer pagos tan a menudo como pueda.

6. Crea y viva con un presupuesto básico

Si desea salir de la deuda rápidamente, debe reducir los gastos tanto como sea posible. Puede utilizar un presupuesto básico para ayudarle con esto. Esta estrategia consiste en reducir los gastos lo más posible y vivir una vida sencilla durante el mayor tiempo posible.

Un presupuesto básico es diferente para cada persona, pero debe apuntar a eliminar todos los gastos extras como la televisión por cable, comer fuera de casa u otros gastos innecesarios.

Debe recordar que un presupuesto básico debe ser utilizado temporalmente. Cuando usted está fuera de la deuda, o cuando está más cerca de su objetivo, puede empezar a añadir estos extras de nuevo en su presupuesto.

Tener un presupuesto que haga un seguimiento de sus ingresos y gastos es importante cuando se trata de salir de deudas en poco tiempo. El presupuesto le ayudará a medir su estado financiero para que pueda acercarse a sus metas.

Un presupuesto le mostrará si tiene dinero excedente o si tiene un déficit.

7. Pruebe el método de escalera

El método de escalonamiento implica listar todas sus deudas, comenzando con la deuda que tiene la tasa de interés más alta y terminando con la deuda de bajo interés.

Este método le ahorrará una cantidad significativa de tiempo con el uso continuo. Usted estará ahorrando el dinero que habría usado para intereses cuando salde la deuda con el interés más alto. Cuando se elige esta estrategia, hay que atenerse a ella. Cada mes, ponga todo el dinero que pueda para pagar la deuda con la tasa de interés más alta, mientras sigue pagando los mínimos requeridos en otras tarjetas. Cuando la deuda esté pagada, desvíe los fondos sobrantes a la segunda deuda con la segunda tasa de interés más alta, y así sucesivamente. Es importante no cerrar la cuenta cuando haya pagado el saldo. Esto dañará su crédito. Deja que la cuenta se quede sin fondos por un tiempo.

Si tiene pequeñas deudas que puede pagar fácilmente, hágalo. Le traerá un progreso tangible para que pueda empezar. Cuando lo haya hecho, comience a abordar la tarjeta con la tasa de interés más alta.

8. Venda las cosas que no necesita

Si está buscando una manera de obtener dinero rápido, considere la posibilidad de guardar sus pertenencias. La mayoría de las personas tienen muchas cosas en sus casas que no necesitan. Lo más probable es que nunca las usen. ¿Por qué no vender esos artículos y usar el dinero para pagar la deuda?

Si usted vive en un área que permite una venta de garaje, entonces tal vez eso sea suficiente. Es la manera más fácil y barata de descargar las pertenencias no deseadas y ganar dinero. Si eso no es una opción, considere la posibilidad de venderlas a través de un revendedor en línea, una tienda de consignación o un grupo de venta de garaje en Facebook.

9. Evitar el gasto impulsivo

Si encontrar el dinero extra es lo que le está reteniendo, considere hacer un seguimiento de sus gastos durante algunas semanas para saber a dónde va su dinero. Puede que se sorprenda de sus hábitos de gasto. La mayoría de la gente no se da cuenta de lo rápido que pueden sumarse los pequeños gastos. Tal vez te encanta coger un periódico, comprar café a diario, comprar comida para llevar en lugar de preparar la cena. Estos hábitos de gasto le impedirán ahorrar suficiente dinero para saldar su deuda.

También hay otros hábitos que no se notan fácilmente, por ejemplo, las suscripciones a canales de televisión que nunca se ven, la descarga de aplicaciones y tonos de llamada, la compra de juguetes y regalos en una tienda de comestibles porque es conveniente.

Usted puede conseguir casi todo lo que quiera en cualquier momento en una tienda de comestibles de un supermercado local. Si quiere salir de la deuda, asegúrese de evitar las compras por impulso.

10. Pida tasas de interés más bajas para las tarjetas de crédito y negocie otras facturas.

Si las tasas de interés de las tarjetas de crédito son altas, puede ser imposible avanzar en su saldo. Considere llamar al emisor de su tarjeta y negociar. Puede que usted no lo sepa, pero pedir tasas de interés más bajas sucede mucho. Si usted tiene un buen historial de pagar sus cuentas a tiempo, lo más probable es que obtenga una tasa de interés más baja.

Aparte de las tarjetas de crédito, otras facturas pueden ser negociadas o eliminadas. Recuerde que la peor respuesta que puedes obtener es no. Cuanto menos pague por gastos fijos, más dinero recibirá por el pago de sus deudas.

Si no es de los que negocian, considera la posibilidad de utilizar aplicaciones que revisen su historial de compras. Encontrará tarifas repetidas y suscripciones olvidadas que usted podría querer recortar de su presupuesto.

11. Considerar las transferencias de saldos

Si una compañía de tarjetas de crédito no cambia sus tasas de interés, tal vez sea una buena idea considerar una transferencia de saldo. Hay muchas ofertas de transferencia de saldos y puede obtener un APR del 0% durante 15 meses. Sin embargo, es posible que tenga que pagar un cargo por transferencia de saldo de aproximadamente el 3% por el privilegio.

Algunas tarjetas no cobran un cargo por transferencia de saldo durante los primeros dos meses. También ofrecen un APR introductorio del 0% en compras y transferencias de saldo durante los primeros 15 meses.

Si usted tiene un saldo en su tarjeta de crédito, es factible que pueda pagar durante el período de tiempo, transfiriendo el saldo a una tarjeta con un APR introductorio del 0% podría ahorrarle algo de dinero en intereses mientras le ayuda a pagar su deuda más rápido.

Puede ser fácil seguir viviendo en deudas si nunca ha enfrentado la realidad de la situación en la que se encuentra. Pero cuando ocurra un desastre, obtendrá una perspectiva dolorosamente nueva rápidamente. Uno también puede enfermarse de vivir un estilo de vida ajustado, y considerar otras maneras de llegar a fin de mes.

No importa el tipo de deuda que tenga, ya sea de préstamos para autos, préstamos estudiantiles u otro tipo de deuda, es crucial saber que puede salir de ella. Puede que no ocurra en un día, pero se puede lograr un futuro libre de deudas cuando se crea un plan. Usted tendrá que atenerse al plan para tener éxito.

No importa el plan que tenga, estas estrategias pueden ayudarle a salir de deudas antes de lo que pensaba. Cuanto más rápido salgas de sus deudas, más rápido podrás empezar a vivir una vida que siempre has querido.

Capítulo 5 - Hacer más con menos

Ya sea que tenga alguna reserva en el tanque o que esté viviendo de cheque en cheque, es probable que esté considerando cómo aumentar sus ingresos. ¿Cómo puede ganar más dinero sin perder más tiempo en su día?

Es difícil persistir cuando se tiene problemas financieros, pero ¿qué otras opciones tienen? Al final del día, esto se reduce a la forma en que usted utiliza el dinero que tiene y su mentalidad de dinero. Hay muchos beneficios en el pensamiento positivo, pero eso por sí solo no es suficiente para ayudarle a aumentar sus ingresos.

Debes actuar. Eso es lo que hace falta. Pero antes de actuar, necesita saber qué hacer. ¿Cómo aumentará sus ingresos para tener suficiente dinero a fin de mes? Primero, tendrá que aprender a maximizar el uso de sus ingresos, ahorrar suficiente dinero y cómo invertir y construir sus activos personales.

Aprenda cómo maximizar el uso de sus ingresos

Si encuentra algo de dinero extra en su presupuesto, lo más probable es que lo uses. Aunque pueda parecer divertido usarlo en cosas que siempre ha querido, eso no es algo inteligente. Lo más sabio que puede hacer es gastar dinero en lo que pueda ayudarle a usted y a su familia.

Usted no tiene que poner todo su dinero en una cuenta de ahorros. Si bien es bueno ahorrar algo de dinero para los tiempos difíciles, hay muchas maneras de maximizar el uso de sus ingresos. Aunque estas adquisiciones pueden no ser divertidas para usted, pueden ayudarle a invertir en su futuro. Estas sabias maneras de gastar su dinero le ayudarán a vivir una vida feliz sabiendo que está usando su dinero responsablemente.

1. **Pagar la deuda**

Si quiere aún más dinero para gastar, pague su deuda. Es una de las maneras más inteligentes de gastar su dinero. Por ejemplo, si usted debe $2000 en una tarjeta de crédito y normalmente le envía al acreedor $250 por mes, ¿por qué no usar la declaración de impuestos para pagar su deuda? Entonces tendrá un extra de $250 cada mes. Si bien es posible que usted tenga planes para ese dinero, obtener $250 por mes puede hacer una gran diferencia en su presupuesto.

2. **Comprar un seguro**

El seguro es una de esas cosas que esperamos no necesitar nunca, pero si lo tenemos cuando lo necesitamos, puede hacer una gran diferencia. Necesita invertir en un plan que le ayude. Por ejemplo, tener un plan de seguro de salud ayuda a asegurar que usted siempre obtenga costos asequibles, en caso de que se enferme. Esto también se aplica a los seguros de vida, de hogar y de automóvil. Cuando usted tiene un buen plan de seguro, está mejor equipado para manejar los eventos inesperados de la vida.

3. **Invierta en un plan de jubilación**

Otra excelente manera de maximizar sus ingresos es invirtiendo en un plan de jubilación. Esto le ayudará si no quiere pasar el resto de tu vida trabajando. Considere la posibilidad de invertir en su futuro. Si se ofrece, considere tener un 401(k) en el trabajo e iguale lo que contribuye su empleador. Si desea dar un paso más, puede abrir una cuenta

IRA. Se le pedirá que invierta cada año, y la cantidad que pague dependerá de su edad.

4. Hacer mejoras en el hogar

Usted no quiere comprar una ventana o un techo nuevo hasta que deba hacerlo. Sin embargo, invertir en mejoras para el hogar puede aumentar el valor de su casa. En algunos casos, estas mejoras pueden reducir sus gastos de electricidad. Por ejemplo, comprar un refrigerador nuevo puede reducir significativamente su factura de electricidad. Las mejoras a la vivienda pueden aumentar el valor de reventa de su casa y convertirla en una inversión en lugar de un gasto enorme.

5. Invertir en educación

Siempre es una buena idea invertir su dinero en educación. Usted puede tomar una clase para aprender una nueva habilidad para un trabajo, aprender un nuevo pasatiempo o comenzar una nueva carrera o título para ayudarle a obtener un ascenso.

Cualquiera que sea su razón, tomar clases puede ser beneficioso y vale la pena su tiempo y dinero. En algunos casos, su empleador puede incluso reembolsarle por las clases que usted tome. Recuerde consultar primero con su empresa. También puede obtener beneficios fiscales.

6. Asistir a una conferencia

Asistir a una conferencia es una gran inversión. Obtendrá la información más reciente sobre su área de especialización para ayudarle a tener más éxito en lo que hace. Puede conocer a mucha gente y construir una gran red de contactos. Si usted trabaja por cuenta propia, es una manera perfecta de informar a los clientes potenciales sobre sus servicios.

¿Puede vivir con la mitad de sus ingresos y ahorrar el resto? Probablemente

¿Qué tan pronto podría alcanzar la independencia financiera, si pudiera vivir con la mitad de lo que gana e invertir el resto?

Probablemente dentro de seis años, y casi con seguridad menos de diez años.

Debe tener en cuenta que la jubilación y la independencia financiera no son sólo cuestión de cuánto gana. Se trata de cuánto de sus gastos puede pagar con los ingresos de sus inversiones.

Usted puede acelerar ese proceso de dos maneras: aumentando las inversiones y reduciendo sus gastos. Bueno, la buena noticia es que estos dos objetivos pueden lograrse con el mismo proceso. Implica vivir con un porcentaje de sus ingresos e invertir el resto para obtener un ingreso más pasivo.

Considere este desafío: asuma que usted puede vivir con la mitad de sus ingresos y eliminar la incredulidad. ¿Qué medidas financieras necesitaría para llegar allí?

1. Haga que dos semanas paguen su nuevo presupuesto

Al crear su presupuesto mensual, por lo general se tienen en cuenta los ingresos de cuatro semanas. Ocasionalmente usted recibirá un cheque de pago adicional, pero normalmente recibirá cheques de pago por cuatro semanas.

Si normalmente se le paga cada dos semanas, significa que recibe dos cheques de pago en un mes. Su reto sería cómo puede vivir con una sola paga. Eso es después de los impuestos. Ese es tu nuevo presupuesto.

¿Parece imposible? Bueno, ¿qué pasaría si pierde su trabajo

mañana, pasa los próximos seis meses sin trabajo y finalmente obtiene un trabajo que le da la mitad de sus ingresos? ¿Estaría en la calle? ¿Se moriría de hambre?

No, tendría que pagar sus gastos y seguir adelante. Eso significa que es 100% posible vivir con la mitad de sus ingresos. Todo lo que tiene que hacer es hacer algunos cambios en su estilo de vida.

Su nuevo presupuesto debe ser sólo el valor del ingreso de un cheque de pago. Comience por escribir sus gastos fijos mensuales. Esto incluye facturas de servicios públicos fijas, pago del automóvil, vivienda y otros gastos. Luego anote sus gastos variables como la gasolina de su automóvil, las facturas basadas en el uso, los comestibles y otros. Y finalmente, anote los gastos recurrentes semestrales y anuales, tales como regalos de vacaciones, seguros, gastos de contadores, etc.

Cuando tenga todo eso, simplemente reduzca los gastos innecesarios para que se ajusten a su nuevo presupuesto.

2. Eliminar o reducir los costos de vivienda

Para la mayoría de la gente, la vivienda es el gasto más grande, y es el primer gasto que usted debe examinar. Por suerte para usted, hay una manera de hacerlo sin tener que mudarse a una casa menos deseable.

Esto implica obtener una pequeña propiedad de varias unidades, mudarse a una de las unidades y alquilar las unidades restantes. Los inquilinos le ayudarán a pagar los costos de la vivienda.

Si no quiere comprar una casa nueva o mudarse, todavía hay algunas opciones para usted. Puede segmentar parte de su propiedad como un conjunto de ingresos y luego arrendarla. Usted puede firmar un contrato de arrendamiento a largo plazo.

O tal vez pueda dejar un cuarto libre y conseguir una empleada del hogar. Las empleadas vienen con ventajas asombrosas más allá de pagar el alquiler. Ayudan con los quehaceres de la casa, cocinan, pagan las cuentas de los servicios públicos, e incluso pueden llegar a ser buenas amistades.

3. Aprender a cocinar

Comer fuera de casa o pagarle a alguien para que cocine para usted puede crear enormes gastos. Son asesinos del presupuesto.

¿Por qué no aprende a cocinar? Con el tiempo, mejorará en ello. Además, cocinar puede ser divertido.

Cualquiera puede aprender a cocinar, y una vez que supere la incomodidad inicial, aprenderá a completar una comida de tres platos que supera a cualquier cosa en un restaurante con un precio excesivo. Costará mucho menos cocinar, y usted puede ganar dinero extra para el día siguiente.

Además, cuando cocine, cocinará comidas más saludables que las de los restaurantes. Usted puede escoger platos e ingredientes bajos en carbohidratos o bajos en grasa. Los restaurantes sólo dan prioridad al gusto.

4. Aleje su vida social de las compras

¿Dónde se reúne normalmente con sus amigos? ¿Bares? ¿Las salas de cine? ¿Restaurantes?

Ya que ahora puede cocinar, puede invitarlos a cenar. También puede llevar bebidas más frescas a algún lugar con una vista asombrosa en lugar del bar. En lugar de pagar de más para conseguir un boleto de cine, planee una noche de cine en su casa o en la de su amigo.

Usted podría gastar $100 comiendo en un restaurante con

amigos, o podría gastar $20 juntándose para una fogata en la playa, en un picnic, en una degustación de vinos caseros o en una barbacoa en el patio trasero.

Todo lo que se necesita es un poco más de creatividad y planificación, pero le ayudará a ahorrar una gran cantidad de dinero sin perder tiempo o diversión con un amigo.

5. Ganar más dinero

Si está luchando para llegar a fin de mes con un ingreso de dos semanas, busque otras maneras de ganar más dinero. Hay muchas maneras de lidiar con esto. Usted podría negociar un aumento de sueldo en su lugar de trabajo, o podría buscar un nuevo trabajo que pague mejor. Encuentre cualquier cosa que pueda convertirlo en un empleado más valioso y hágalo. Si eso no es posible, busque un trabajo de medio tiempo para ganar dinero extra.

¿Qué habilidades tiene usted que otros necesitan? ¿Puedes construir sitios web en WordPress? ¿Es bueno en fotografía y está dispuesto a trabajar en bodas durante algunas noches de fin de semana todos los meses? ¿Tiene experiencia en mejoras para el hogar?

Todos tenemos habilidades y todos podemos aprender a desarrollarlas. Hay muchas maneras de ganar dinero, pero requiere iniciativa de su parte.

6. Transfiera automáticamente la mitad de sus ingresos

Usted siempre estará tentado a usar dinero en su cuenta de operaciones o de cheques.

Puede configurar una transferencia automática de su cuenta a una cuenta de inversión o de ahorros. Usted debe hacer esta transferencia el mismo día en que se le paga.

Al principio, usted puede usar la mitad de sus ingresos para pagar sus deudas. Cuando todas las deudas estén saldadas, su presupuesto será muy fácil de manejar. Sin deudas, usted puede comenzar a invertir en inversiones de alto rendimiento que le paguen. Pronto empezará a subir, y estará en un ciclo fantástico en el que sus ingresos seguirán aumentando.

Ese ciclo sólo despegará si mantiene los gastos bajos. La mayoría de la gente sólo sale a gastar cuando recibe más dinero. Quieren un auto nuevo, cenas elegantes, una casa y ropa nuevas. Eso es lo que ellos llaman inflación de estilo de vida, y es un enemigo de la independencia financiera.

7. Empujar sus límites mentales

Nuestras mayores limitaciones son nuestras mentes. Comience trabajando hacia atrás con su presupuesto, reduzca sus gastos y aumente sus ingresos. Con disciplina y creatividad, es posible vivir de la mitad de sus ingresos.

Obtenga la información que necesita para comenzar a invertir

¿Quiere invertir, pero no tiene ni idea de por dónde empezar? El primer paso para invertir es el más importante. Si usted invierte sabiamente, puede conducir a la independencia financiera y a ingresos pasivos.

Si desea comenzar a invertir, necesita tener la información correcta para evitar malgastar su dinero en inversiones deficientes. Entonces, ¿qué información debería tener para empezar? Aquí está la información que necesita para asegurar que su inversión sea un éxito:

1. Decida el tipo de activos que desea poseer

Invertir es poner dinero en algo hoy y obtener más dinero en el futuro. Por lo general, puede lograrlo mediante la adquisición de activos productivos. Por ejemplo, si usted compra un edificio de apartamentos, usted será dueño de la propiedad y del dinero en efectivo que produce a través del alquiler.

Cada activo productivo tiene características únicas, así como ventajas y desventajas. Aquí están algunas de las inversiones potenciales que usted podría considerar:

Capital social - El capital social de una empresa le permite compartir una ganancia o pérdida generada por la empresa. Ya sea que desee poseer ese capital comprando acciones de una empresa que cotiza en bolsa o adquiriendo una pequeña empresa directamente, las acciones de una empresa son la clase de activos más gratificante.

Valores de renta fija - Cuando usted decide invertir en valores de renta fija, está prestando dinero a un emisor de bonos. A cambio, usted recibirá un ingreso por intereses. Puede hacerlo de muchas maneras: desde bonos de ahorro estadounidenses hasta bonos municipales libres de impuestos, desde bonos corporativos hasta mercados monetarios y certificados de depósito.

Bienes raíces - Los bienes raíces son quizás los inversionistas de clase de activos más antiguos y fáciles de entender. Usted puede ganar dinero invirtiendo en bienes raíces de varias maneras, pero todo se reduce a ser dueño de algo y dejar que otros lo usen para pagos de arrendamiento o alquiler. O para desarrollar una propiedad y venderla con fines de lucro.

Propiedad y derechos intangibles - La propiedad intangible consiste en todo, desde patentes y marcas registradas hasta derechos de autor y regalías musicales.

Tierras agrícolas y otros productos básicos: la inversión en actividades de producción de productos básicos implica extraer o producir algo de la naturaleza o del suelo. Por lo general, implica mejorarlo y venderlo para obtener beneficios. Si hay petróleo en su tierra, puede extraerlo y obtener dinero en efectivo. Si usted cultiva maíz, puede venderlo y ganar dinero. Puede involucrar muchos riesgos -desastres, clima y otros desafíos que podrían hacerle perder dinero- pero aun así puede ganar dinero con ello.

2. Decida cómo desea ser propietario de estos activos

Cuando haya decidido cuáles son los activos que desea poseer, puede decidir cómo poseerlos. Para entender este punto, veamos la equidad en los negocios. Digamos que quiere una participación en un negocio que cotiza en bolsa. ¿Va a ir a por las acciones directamente o va a pasar por una estructura mancomunada?

- **Propiedad pura** - De esta manera, usted comprará directamente acciones de una compañía individual y las verá en su balance general o en el de la entidad que usted posee. Usted será un accionista real y tendrá derecho a voto. Esto podría darle acceso a ingresos por dividendos. Su patrimonio neto puede aumentar a medida que la empresa crece.

- **Propiedad compartida** - Con este método, usted agregará su dinero a un fondo común aportado por otras personas y comprará la propiedad a través de una entidad o estructura compartida. La mayoría de las veces, esto se hace a través de fondos mutuos. Si usted es un inversor rico, puede invertir en fondos de cobertura. Si no tiene una gran cantidad de dinero, puede considerar la posibilidad de invertir fondos indexados y fondos negociados en bolsa.

3.   Decida dónde desea mantener los activos

Cuando haya tomado una decisión sobre cómo desea adquirir activos de inversión, debe decidir cómo desea mantener estos activos. Hay varias opciones:

- **Cuenta imponible** - Si usted decide sobre cuentas imponibles como una cuenta de corretaje, usted pagará impuestos más tarde, pero no habrá ninguna restricción en su dinero. Será libre de gastarlo en lo que quiera. Usted será libre de cobrar y comprar lo que quiera. También puede agregarle cualquier cantidad que desee cada año.

- **Refugios tributarios** - Si usted elige invertir en cosas como Roth IRA o plan 401(k), hay beneficios de protección de impuestos y bienes. Algunos planes y cuentas de jubilación ofrecen protección ilimitada contra la bancarrota. Esto significa que si se produce un desastre médico que borre su balance general, los acreedores no tocarán su capital de inversión. Algunos tienen impuestos diferidos. Esto significa que usted podría obtener deducciones fiscales cuando deposite el capital en una cuenta para elegir la inversión y pagar impuestos en el futuro. Una buena planificación fiscal puede significar una gran riqueza adicional en el futuro.

- **Confíe en otros mecanismos de protección de activos**: puede retener sus inversiones a través de estructuras o entidades como los fondos fiduciarios. Obtendrá importantes beneficios de protección de activos y de planificación cuando utilice estos métodos especiales de propiedad. Esto es útil cuando se desea restringir el uso del capital. Además, si usted tiene importantes inversiones en bienes raíces o activos operativos, puede hablar con su abogado para establecer una sociedad de cartera.

La información que necesita para empezar a construir sus activos personales

Hay muchas maneras de construir activos personales con poco dinero, pero pocas personas saben cómo hacerlo. ¿Cuál podría ser el problema? El problema es que la mayoría de la gente no conoce el importante proceso de construcción de activos.

¿Qué se debe hacer para construir activos? No es ciencia espacial. Si usted aprende el proceso de construcción de activos, el resto es fácil.

Invertir dinero para acumular activos

Usted debe saber todo acerca de la relación entre la acumulación de activos y las inversiones.

- **Inversiones** - Invertir es el proceso de compra de activos.

- **Acumulación de activos** - Cuando usted adquiere activos gradualmente con el tiempo y los mantiene a largo plazo, los activos comienzan a acumularse. Para que un proceso de inversión tenga éxito, debe comprar activos con la intención de acumularlos.

- **Construcción de activos** - La construcción de activos es el proceso de compra gradual de activos con la intención de acumularlos.

Cuando usted compra activos sin la intención de acumularlos, se convierte en una actividad sin sentido.

Ya que ahora usted entiende el proceso de construcción de activos, vamos a hacer una pregunta más básica.

¿Por qué construir activos?

Usted debe crear activos para la independencia financiera. ¿Por qué es necesario?

¿Ama su trabajo? Conozco a poca gente que levantaría la mano ante esa pregunta. Si la mayoría de las personas no aman su trabajo, ¿por qué lo conservan? Es simple: necesitan dinero, por eso no tienen otra opción.

Debemos comprometernos a hacer nuestro trabajo porque queremos seguir ganando dinero. ¿Existe alguna forma de eliminar esta dependencia? Sí, hay una manera de salir de esto. Todo lo que tiene que hacer es ser financieramente independiente. ¿Cómo se hace eso? Aquí hay un enfoque para ayudarle.

- Tenga en cuenta que usted depende de su trabajo para obtener ingresos. La mayoría de las personas que trabajan no se dan cuenta de que existe la independencia financiera.

- Comience a eliminar gradualmente la dependencia financiera. Usted puede hacer esto generando una fuente alternativa de ingresos. ¿De dónde vendrá su fuente alternativa de ingresos? De invertir en activos.

¿Cómo puede una persona común construir bienes?

Para aquellos que ya son ricos, los métodos de construcción de activos son diferentes. ¿Cómo puede una persona común construir bienes? Aquí están los pasos:

1. **Ahorrar** - Ahorrar dinero es muy importante. La manera más fácil de ahorrar dinero es reservando parte de sus ingresos. La eliminación de gastos innecesarios aumentará el efectivo en mano. Incluso los millonarios deben ahorrar dinero si quieren seguir siendo ricos. Si ahorra más del 25% de sus ingresos totales, se considera un ahorro decente. Usted puede hacer una transferencia automática donde el 25% de su dinero va automáticamente a sus ahorros.

2. **Invertir** - ¿Por qué necesita invertir y no seguir ahorrando para comprar activos directamente? Sería bueno hacer eso, pero no se recomienda guardar su dinero como ahorros. Esto se debe a que los ahorros se pueden gastar fácilmente. Y no olvide que invertir su dinero hace que se multiplique.

3. **Bloquear fondos** - Este paso es muy importante. La

mayoría de la gente se detendría en el paso dos. En este paso, usted estará convirtiendo todos sus activos en activos generadores de ingresos. ¿Cómo se puede hacer esto? Puede considerar REITs, propiedades de alquiler y acciones que pagan dividendos.

Dado que los pasos anteriores son muy importantes para la construcción de activos, vamos a entrar en más detalles sobre cómo podemos implementarlos con éxito.

1. **Ahorra dinero**

Usted necesita enfocarse en ahorrar suficiente dinero para comprar inversiones. ¿Cómo puede ahorrar dinero?

Construya un fondo de emergencia - Nada consume activos más rápido que una emergencia. Cuando algo inesperado sucede, puede consumir mucho dinero. Un ejemplo es una emergencia médica. Se recomienda que mantenga suficiente respaldo para manejar las emergencias. Considere ahorrar para una emergencia en efectivo y seguro.

Arregle un depósito recurrente - La prioridad aquí es ahorrar. No debería pensar en una devolución. Hay algunas ventajas de los depósitos recurrentes. Los ahorros serán automáticos, el dinero está seguro y el dinero permanece en el banco.

La creación de un fondo de emergencia asegura que estemos preparados para hacer frente a las emergencias de la vida. Cuando ocurren, podemos depender de nuestros ahorros. Hacer arreglos para depósitos recurrentes asegura que lo que ahorramos pueda ser usado para inversiones.

2. **Invertir dinero**

Cuando haya hecho todo el esfuerzo de ahorrar, debe asegurarse de invertir ese dinero sabiamente. La mayoría de la gente no tiene idea de cómo. ¿Dónde puede invertir su dinero? Aquí hay algunos ejemplos.

Fondos híbridos - Los fondos híbridos tienen un SIP, que es una herramienta útil para las inversiones. Hay varios beneficios. Obtendrá exposición a la deuda y al capital de una sola ventana. Usted debe desarrollar una mentalidad para mantener la inversión en este fondo a través de SIPs. Siga haciendo esto mes tras mes sin parar.

ETFs sobre índices - Los ETFs son un buen producto de inversión. Tienen los beneficios tanto de los fondos mutuos como de las acciones.

Los ETFs ofrecen una gran diversificación de inversiones dentro de una cartera de renta variable. Usted puede obtener unidades ETF cada vez que haya una caída superior al 3% en un índice.

Oro - El oro puede ser una inversión a largo plazo que dura hasta 12 años.

Comprar tierra - La tierra es un activo que se ha vuelto escaso. Es una gran idea invertir en terrenos en las afueras de una ciudad.

Aquí está multiplicando su dinero a un ritmo más rápido. Las inversiones anteriores pueden generar buenos rendimientos con el tiempo y con menos riesgo.

3. Bloquear fondos

El dinero que encerraste en tierras, SIP y RD tiene un solo objetivo. Usted puede redimirlo y usarlo para comprar activos en algún momento. Puede utilizarlo en activos generadores de ingresos. Considere lo siguiente:

Acciones que pagan dividendos - Son acciones fuertes que pagan dividendos regulares al accionista. Usted debe comprar estas acciones al precio correcto. Si no lo hace, su rendimiento será demasiado bajo. Usted debe esperar un momento perfecto para obtener las mejores acciones de pago de dividendos.

Propiedad en alquiler - Este puede ser el mejor activo generador de ingresos que usted puede obtener, ya que genera los mejores ingresos pasivos. Lo que usted gana de la propiedad inmobiliaria también aumenta la tasa de inflación.

Usted debe considerar la posibilidad de distribuir sus inversiones entre las opciones anteriores. Estos son vehículos de inversión perfectos para la generación de ingresos.

Invertir nunca es suficiente. Necesita construir sus activos.

Conclusión

Gracias por llegar al final de la Mente del Presupuesto Minimalista.

Esperemos que haya sido informativo y capaz de proporcionarle toda la información que necesita para administrar bien su dinero y alcanzar sus metas financieras.

Has aprendido que el minimalismo puede poner fin a la gula del mundo que nos rodea. Es lo contrario de lo que se ve en los anuncios de la televisión. Vivimos en una sociedad que se enorgullece de comprar muchos productos innecesarios; estamos abrumados por los hábitos consumistas, el desorden, las posesiones materiales, las deudas, el ruido y las distracciones. Sin embargo, de lo que parece que no tenemos suficiente, es de significado.

Adoptar un estilo de vida minimalista le permitirá eliminar las cosas que no necesita para que pueda concentrarse en las cosas que necesita. Usted ha aprendido cómo puede ahorrar dinero. Ahorrar dinero tiene muchos beneficios y podría ahorrarle muchos problemas en el futuro. Usted ha aprendido a hacer un seguimiento de sus gastos y cómo puede empezar a ahorrar dinero. Esto le ha enseñado a ser disciplinado cuando se trata de dinero.

Aparte de eso, usted ha aprendido algunas de las mejores estrategias de presupuesto para ayudarle a alcanzar sus metas. Aplique estas estrategias tan pronto como pueda para lograr sus metas financieras antes de lo esperado.

Salir de la deuda nunca ha sido fácil para la mayoría de

nosotros, pero aprender acerca de las causas de la deuda le ha ayudado a ver la deuda de manera diferente y aprender maneras efectivas para salir de ella. Estos métodos le ayudarán a salir de la deuda y al mismo tiempo le ayudarán a ahorrar más.

Cuando haya eliminado las deudas y aprendido a ahorrar, considere la posibilidad de invertir en algo que multiplique su dinero. Con la información que ha aprendido sobre la inversión y la autodisciplina que ha ganado, verá la inversión desde un ángulo diferente y comenzará a acumular riqueza personal.

Ahora has aprendido a vivir un estilo de vida minimalista. La práctica hace la perfección, y eso es lo que necesita hacer con su presupuesto minimalista. Con un poco de tiempo y práctica, usted será capaz de hacer uso de los buenos hábitos de dinero y hacerlos parte de su vida.

Por último, si le ha gustado este libro, le pido que se tome el tiempo de revisarlo en Audible.com. Sus comentarios honestos serán muy apreciados.

Gracias.